APRENDE MEJOR
con
GIMNASIA CEREBRAL®

APRENDE MEJOR
con
GIMNASIA CEREBRAL®

Luz María Ibarra

GarniK®
Ediciones

México
2003

Diseño de portada: D.G. Rodolfo Martínez
Fotografías interiores: Guillermo Martínez/Mariana Garduño

1ª. Edición Julio	1997	1ª. Reimpresión Diciembre	2001
2ª. Edición Septiembre	1997	2ª. Reimpresión Mayo	2002
3ª. Edición Septiembre	1997	3ª. Reimpresión Julio	2002
4ª. Edición Octubre	1997	4ª. Reimpresión Enero	2003
5ª. Edición Noviembre	1997	5ª. Reimpresión Septiembre	2003
6ª. Edición Septiembre	1998		
7ª. Edición Febrero	1999		
8ª. Edición Mayo	1999		
9ª. Edición Octubre	1999		
10ª. Edición Octubre	2000		
11ª. Edición Enero	2001		

ISBN: 970-91879-0-2
Derechos Reservados © 1997
        © Luz Ma. Ibarra García
        GARNIK® EDICIONES
        San Lorenzo 903A-101 Col. Del Valle
        03100 México D.F. Tel/Fax: 5606-5691/5688-6582
        Email: garnik.com
        Página web:
        www.garnik.com
        www.gimnasiacerebral.com

Miembro de la Cámara Nacional de la Industria
Editorial Mexicana. Registro número 2889

Distribución y ventas: **GarniK®**
                           Ediciones
        Tel/Fax: 5606-5691/5688-6582

Impreso en México
Printed in Mexico

La vida es aprendizaje, la vida es sueño
y también un reto,
la vida fluye en mí y aprender quiero
con mente abierta, dispuesta siempre,
con ansia infinita de aprender eternidades,
con anhelo de alcanzar sueños de grandeza,
como el lograr que millones de mexicanos, como yo,
incorporemos nuestros grandes talentos y aprendamos
a hacer un México más digno, más unido y más valioso...

ÍNDICE

PRESENTACIÓN

Es para mí una inmensa alegría realizar la presentación *Aprende mejor con Gimnasia Cerebral®,* cuyo objetivo es lograr las condiciones necesarias para acelerar el aprendizaje de una manera eficaz a través de ejercicios de Gimnasia Cerebral® fáciles de ejecutar. Esta obra está dedicada a ti, que estás vivo y que sientes deseos de continuar aprendiendo cada vez más, que vislumbras tu aprendizaje con alcances de infinito y que estás comprometido en aprender hasta en el último suspiro de tu vida.

La Gimnasia Cerebral® permite un aprendizaje integral, usando todo el cerebro en conjunción con el cuerpo y descartando la antigua idea de que aquél sólo se realiza en la cabeza; en efecto, ahora sabemos que las sensaciones, los movimientos, las emociones y las funciones primordiales del cerebro están fundadas en el cuerpo.

El movimiento es una parte indispensable del aprendizaje y del pensamiento. Cada movimiento se convierte en un enlace vital para el aprendizaje y para el proceso cerebral. La Gimnasia Cerebral® facilita la elaboración de redes nerviosas, su conexión y su reactivación a través del cuerpo para estimular directamente el cerebro, integrando tanto la mente como el cuerpo en la gran aventura de aprender.

La Gimnasia Cerebral® no sólo acelera el aprendizaje; también nos prepara para usar todas nuestras capacidades y talentos cuando más los necesitamos, nos ayuda a crear redes neuronales que multiplicarán nuestras alternativas para responder a la vida y a este mundo tan diverso, logrando que el aprendizaje se convierta en una cuestión de libertad y no de condicionamiento, de crecimiento y no de almacenaje de información.

En este libro encontrarás veinticinco ejercicios claves, y algunos más, que, al realizarlos, se convertirán en una poderosa herramienta de activación e integración de tu sistema nervioso. Los resultados te sorprenderán; así que:
¡Disfrútalos, son para ti!

Luz María Ibarra.

Y, ahora que llego a esta décima edición, mi corazón canta agradecido en plenitud; me llena de gozo el compartir; de esperanza el facilitar aprendizajes en los demás; de paz al darme como persona a través de mis investigaciones por un México que aprende dignamente.

1

EL APRENDIZAJE SE DA EN EL CUERPO Y EN LA CABEZA

Nuestro cuerpo desempeña un papel importantísimo en cada proceso intelectual: a lo largo de nuestro desarrollo como seres humanos, desde el seno materno hasta la edad adulta, es el quien proporciona al cerebro la valiosa información que éste necesita del medio ambiente que nos rodea.

Cada movimiento, desde la infancia, es decisivo en la creación de redes neuronales que de hecho formarán la esencia del aprendizaje. A través de nuestros ojos, oídos, nariz, lengua y piel recibimos las sensaciones. Éstas se convierten así en el fundamento del conocimiento.

Nos expresamos a través de nuestro cuerpo, los músculos se mueven cuando hablamos, cuando ejecutamos algún instrumento musical, cuando cantamos o bailamos, cuando escribimos o simplemente cuando caminamos.

Los movimientos activan las redes neuronales a través del cuerpo haciendo que éste se conforme como instrumento del aprendizaje; por ello podemos afirmar que el aprendizaje se da conjuntamente en la relación cuerpo/mente, es decir, integralmente. Esto debilita la creencia de que el cerebro es el único almacén del aprendizaje.

Un día descubrí a mi sobrina Ana Mari, de tres años, aprendiendo las canciones de la obra *José el Soñador,* pronunciando palabras difíciles como: Abraham, Jacob, Egipto, Israel, etcétera, y memorizándolas con gran facilidad. Poco después la encontré viendo la película Cenicienta y, aunque la había visto docenas de veces,

aún no aprendía las canciones. ¿Por qué? Cuando Ana Mari aprendía las canciones de *José el Soñador* movía su cuerpo y esto acelera-
ba su aprendizaje; en cambio, en el caso de *Cenicienta* su cuerpo
se mantenía inerte y, al no moverse, no podía incorporar la música. Y me pregunté: ¿dónde se encuentra el aprendizaje? Pues se
encuentra tanto en el cuerpo como en la cabeza.

Los niños actualmente pasan demasiado tiempo frente a la televisión, el nintendo y las computadoras, y por lo tanto desarrollan
estilos de vida sedentarios como algunos adultos que no realizan
ningún ejercicio regular que les ayude a manejar el estrés, la salud,
y a generar pensamientos creativos e innovadores.

A través del movimiento experimentamos nuestro gran potencial para aprender, pensar y crear; en nosotros se encuentran todos
los recursos esperando ser activados. El infinito potencial del sistema mente/cuerpo se libera a través del movimiento, pues la asom-
brosa plasticidad neuronal sólo necesita el movimiento para activar
ese potencial que puede transformar por completo nuestra vida,
es la característica original de nuestro sistema nervioso, la que nos
proporciona la habilidad para aprender.

A todo lo largo de la vida el sistema nervioso es dinámicamente
cambiante, se organiza por sí mismo, no sigue un orden establecido, es enormemente flexible y adaptativo, nunca estático, siempre
desarrollando nuevas redes neuronales como respuesta a las experiencias y vivencias. Esta plasticidad es un enorme potencial para el
cambio y para el crecimiento; así, por ejemplo, en caso de que
alguna función falte porque se perdió la conexión (por una embo-
lia o parálisis), el sistema nervioso recupera por sí mismo la función perdida utilizando redes neuronales alternas. Para mí esto
constituye un gran misterio y una maravilla, ¿no te parece?

Desde el inicio de nuestra vida las células nerviosas están com-
pletas aunque poco organizadas; así vamos respondiendo al medio exterior, a las imágenes, olores, sonidos, sensaciones; mientras
poseamos la suficiente cantidad de nutrientes, de oxígeno, de esti-
mulación y de libertad para movemos, podremos diseñar y rediseñar
ñar sistemas neuronales complejos, porque la plasticidad de nuestro sistema nervioso es impresionante.

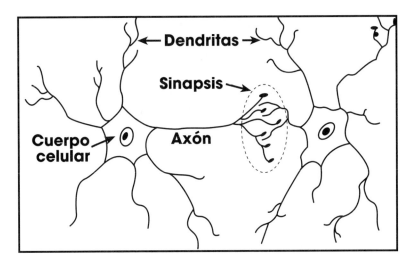

Neuronas en conexión

¿Dónde comienza el aprendizaje? Cuando interactuamos con el mundo. En el cerebro y en nuestro cuerpo este aprendizaje toma forma de comunicación entre neuronas, que son células especializadas adaptadas específicamente para transmitir mensajes eléctricos a través de todo el cuerpo por medio de unas ramificaciones que poseen llamadas dendritas.

El número de dendritas varía de doce a miles por célula nerviosa. Cada neurona puede completar desde mil hasta diez mil sinapsis (conexión entre una neurona y otra) y recibir información de otras mil neuronas.[1]

Estas sinapsis se producen a través de neurotransmisores, que son químicos que cruzan el umbral (sinapsis) entre la neurona y la membrana de la siguiente, a la cual se transmite el mensaje. La información es transferida de una célula a otra por estos puntos especializados de contacto. Los mensajes son transmitidos químicamente mediante sinapsis y eléctricamente por debajo de la fibra nerviosa.

[1] Charles E Stevens, "The Neuron", *Scientific American,* septiembre de 1979, pp. 1-2

El sistema nervioso humano se cree que está integrado por ¡cien millones de neuronas!, el mismo número de estrellas de la Vía Láctea. Y no existen dos neuronas idénticas entre sí. ¡Qué increíble misterio!

Mientras recibimos estímulos sensoriales e iniciamos cualquier movimiento, las neuronas forman grupos neuronales, que al continuar intercomunicándose llegan a convertirse en inmensas autopistas a través de las cuales no sólo accesamos a nuestro interior la información del mundo exterior, sino que también nos permiten dar una respuesta.

Esas "autopistas" nos revelan que el sistema nervioso siempre se encuentra en estado de "llegar a ser". El proceso de conexión de las neuronas y sus redes es, en realidad, aprendizaje y pensamiento. La primera vez que aprendemos algo lo hacemos lentamente, con cierto ritmo; es como encontrarse en un lugar desconocido.

Pero cuando activamos repetidamente nuestras neuronas se producirá más mielina (sustancia que incrementa la velocidad en la transmisión de los impulsos nerviosos, aísla, protege y asiste la regeneración de los nervios cuando han sido dañados; por ello, a mayor mielina, más rápida la trasmisión del mensaje). En las neuronas altamente mielinizadas los impulsos viajan a cien metros por segundo.

Entonces, cuanto mayor sea la práctica, mayor será la mielina y más rápido el proceso, hasta que éste se conviere en algo fácil y conocido, como manejar a velocidad con precisión y destreza en el Periférico. La mielina es la responsable del color de la materia blanca del cerebro y de la espina dorsal. Las fibras sin mielina aparecen grises (materia gris del cerebro y de la espina dorsal).

Es el momento de contemplar la maravillosa flexibilidad de nuestro sistema nervioso, que nos permite diseñarlo bajo nuestras propias elecciones e intereses. Éste será, hasta el último momento de nuestra vida, un reto constante; por tanto, a quien diga que ya aprendió todo y que no le resta nada por asimilar habría que prepararle su funeral hoy mismo. Mientras seamos peregrinos en esta tierra, el gran compromiso, será siempre aprender, hasta el último respiro de nuestra existencia. Te invito a disfrutar esta experiencia.

2

¿MI CEREBRO SE PARECE A UNA COMPUTADORA?

En los circuitos de una computadora los impulsos eléctricos viajan un millón de veces más rápido que los impulsos electrofisiológicos en nuestras neuronas; sin embargo, aquélla está limitada a un simple procesador. Y no importa qué tan rápido sea éste: eventualmente se sobrecarga de información y entonces se producen los cuellos de botella (saturación en el sistema).

Nuestro sistema nervioso no padece esas limitaciones. Gracias a la compleja interconexión de las neuronas, hasta los movimientos más lentos en el impulso provocan que se integre una red de libre información, gracias a la cual ésta se encontrará en el cerebro a cualquier hora y en cualquier punto. La comparación y manipulación de información es verdaderamente simultánea y sin que se presenten cuellos de botella como en las computadoras.

En las computadoras muchas veces la información se desactualiza y es necesario incrementar la memoria y cargar las nuevas versiones de los programas. En el sistema nervioso, como la información es libre, los datos se actualizan y están disponibles para su manipulación, para aprender y para hacer crecer la red neuronal.

Por ejemplo, si conoces por primera vez a alguien en una fiesta le preguntarás su nombre, te fijarás en su apariencia, en el contenido de la conversación, en cómo mueve su cuerpo durante el baile, cómo es el ambiente, cómo te sientes, etcétera, y toda esta información la almacenarás en tu sistema nervioso mediante una asociación libre de información junto con la ya existente. Si encuen-

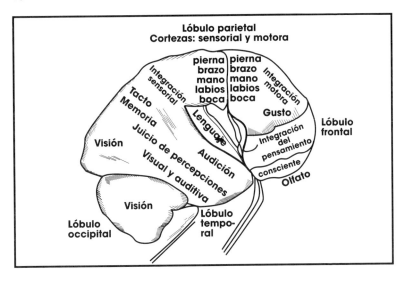

tras a la misma persona días después inmediatamente se actualizará la red neuronal con la nueva información que adquieras en ese instante.

En el caso del sistema nervioso la comunicación es tan inmensamente flexible que no tiene comparación con lo que sucede en una computadora, pues la flexibilidad de este gran sistema cerebral de procesamiento es inmensamente mayor que la más avanzada tecnología en computación.

En el cerebro la menor localización de memoria (una neurona) representa una computadora en sí misma capaz de recibir toda la información al instante, convirtiéndose así en un procesador adaptable porque está constantemente cambiando según la nueva información que entra.

Un estimado de un cuatrillón de conexiones nerviosas en el cerebro saltando a través de las sinapsis y la posibilidad ilimitada de combinaciones excede el número de átomos del universo hasta ahora conocido. Y todo esto se encuentra en ti, en ti duerme, no un sol únicamente, sino el cosmos entero. ¿Qué esperas para despertarlo? ¡Ánimo!

3

EL APRENDIZAJE ES EXPERIENCIA

En efecto, el aprendizaje es experiencia, una experiencia a través de nuestros sentidos, mediante los cuales entendemos el mundo que nos rodea.

Michael Merzenich afirma: "siempre y cuando nos comprometamos en nuevas conductas, el cerebro se remodela a sí mismo"; y Deepak Chopra continúa: "la senilidad no es físicamente normal, a mayor aprendizaje activo de las personas, menos posibilidad de que presenten síntomas de la enfermedad de Alzheimer".

Por tanto, es necesario añadir: si usas más tu cerebro, éste más crecerá en sus conexiones, pues si tú eres quien organiza tu sistema nervioso y tu propio potencial para aprender, entonces tus horizontes alcanzarán el infinito y, ¡sorpresa!, este potencial se mantendrá toda tu vida. ¡Ánimo, todos los recursos se encuentran en tu interior, sólo necesitas despertarlos y practicar, practicar mucho!

Albert Einstein defendía que "el aprendizaje es experiencia, todo lo demás es sólo información". Es a través de nuestros sistemas senso-motores como experimentamos el mundo que nos rodea y por eso podemos afirmar que el pensamiento, la creatividad y el aprendizaje surgen de la experiencia.

Al experimentar el mundo gracias a la vista, el oído, el gusto, el olfato y el tacto, nuestro cuerpo se transforma en un increíble receptor sensorial que recoge la información necesaria de nuestros sentidos y la incorpora al aprendizaje.

Por consiguiente, es primordial crear ambientes donde la experiencia sensorial sea rica y libre, donde exista la posibilidad de

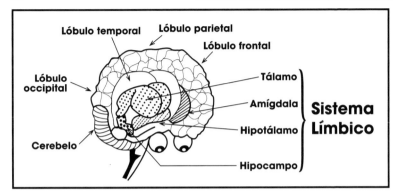

formar patrones de aprendizaje complejos, se active el pensamiento y se propicie la creatividad. ¿Cómo te gustaría que fuera el tuyo?

El aprendizaje se inicia desde el útero materno; al nacer somos capaces de formar imágenes derivadas de nuestra experiencia sensorial. Estas imágenes —formas, colores, movimientos, sentimientos, tonos, palabras (habladas o no)—surgen de los patrones adquiridos a través de todas las áreas del cerebro: los patrones de color y forma, del lóbulo occipital; los tonos y las palabras, de los lóbulos temporal y frontal; las experiencias emocionales y los patrones de movimiento, del sistema límbico cerebral.

Cuando escuchamos la palabra "automóvil", todas nuestras experiencias sobre automóviles resurgen en el cerebro y permanecen disponibles para nosotros como imágenes —un vehículo con motor, ruidoso, que se mueve sobre llantas, que huele a gasolina, la sensación de manejarlo, incluso las emociones de sentirnos un automóvil como una extensión de nuestro propio ser (si las llantas caen en un agujero, curiosamente también nosotros como conductores lo resentimos)—. Con estas imágenes el nuevo aprendizaje tendrá sentido porque unimos imágenes recordadas con las nuevas, formando así un intrincado enlace llamado conocimiento.

Las experiencias sensoriales, tanto externas como internas, conforman nuestro pensamiento; gracias a ellas el nuevo aprendizaje se inicia. Por consiguiente, el aprendizaje es experiencia, una experiencia única y personal llena de matices insospechados que formarán la obra maestra de lo que lleguemos a ser. ¡Felicidades!

4

VALORA TU APRENDIZAJE SENSORIAL

Si tus experiencias y sensaciones son aprendizaje y si éstas forman la comprensión básica desde la cual tu pensamiento se desarrolla, es importante valorar el tesoro que se encuentra en tu interior. A veces nos preguntamos: ¿aprendemos mejor cuando logramos obtener grandes cantidades de información, o cuando nos mantenemos quietos, con los ojos al frente, viendo al maestro sin movernos y sólo tomando notas, o cuando nuestras manos, nuestro cuerpo, todo nuestro ser se involucra en el aprendizaje? Albert Einsten tal vez contestaría que "el aprendizaje es experiencia y todo lo demás es información". Por ejemplo, las palabras sólo son bloques de información, no experiencias, que nos ayudan a organizar nuestros pensamientos sobre las sensaciones, pero jamás podrán sustituir la directriz y frescura del aprendizaje que realizamos con nuestros músculos.

Me gusta siempre defender que si el aprendizaje no se encuentra en el músculo, y más en el músculo más grande —el corazón—, si no lo veo, ni lo siento, ni lo escucho ahí, entonces se trata de un aprendizaje sólo en un plano conceptual y no vivo. No hay como la experiencia viva. Te invito a vivir tus aprendizajes.

Las experiencias son directas e involucran a los sentidos y a las emociones, comprometiendo totalmente a quien aprende.

El aprendizaje se da primero a través de nuestros sentidos. Aquí cabe recordar al filósofo griego Aristóteles, quien afirmaba: "Nada hay en mi intelecto que no haya pasado por mis sentidos".

Al formarse los primeros patrones sensoriales iniciales, éstos serán puntos de referencia para todo el aprendizaje, pensamiento y creatividad que se active en nuestro ser.

En la isla de Bali, en Indonesia, no existen los tiempos gramaticales en la conjugación de los verbos, sólo el presente; así, si quiero hablar de algo que sucedió ayer digo: "Yo disfruto ayer", y si es en referencia al futuro: "Yo disfruto mañana". Esta experiencia del presente-presente es maravillosa porque permite que cada momento lo vivamos en el aquí y el ahora, experimentado con nuestros sentidos vivos y presentes. Para los balineses el pasado y el futuro no existen, sólo el presente "fugitivo" donde me encuentro hoy. Te invito a emprender esta experiencia.

Ahora nos enfocaremos brevemente a cada uno de nuestros sentidos con alguna aplicación concreta para seguir en esta línea de valoración de tu aprendizaje sensorial, para brindarte algunos secretos de cómo activarlos, cuidarlos y hacerlos más eficaces. Trataremos el tema de la imaginación y el juego, algo importante sobre el papel de tus emociones, sobre el equilibrio y movimiento, en fin, un breve y sustancioso viaje acerca de ti, tus capacidades y tus magníficos horizontes. ¡Buen viaje!

5

MÚSICA PARA MI APRENDIZAJE

Cuando aún somos un feto, lo primero que desarrollamos es el oído; a las doce semanas ya nos movemos espontáneamente y nuestros nervios, pulmones y diafragma empiezan a sincronizarse con los primeros patrones de sonido absorbidos por nuestro sistema nervioso: escuchamos el latido del corazón de mamá, los ruidos de su digestión, su respiración, su voz a través del líquido amniótico, e incluso captamos los sonidos o voces del exterior.

El doctor Alfred Tomatis, usando cámaras de fibras ópticas, descubrió que el feto mueve un músculo específico del brazo o.de la pierna, por ejemplo, cuando escucha un fonema específico. En cada feto estudiado, el músculo que reacciona es diferente, pero cada vez que un fonema es pronunciado siempre es el mismo músculo el que se mueve. Esta conexión inicial entre respuesta muscular y sonidos nos sugiere la posibilidad de repetir el estímulo para que ocurra el aprendizaje. Como existen aproximadamente cincuenta fonemas en el mundo, esta respuesta motora del bebé le permite, aún sin nacer, aprender un idioma desde el seno materno.[1]

El doctor Tomatis también afirma que es muy importante que la madre escoja el tipo de música que escuchará su bebé. Él recomienda la música de Mozart. ¿Por qué? Porque las vibraciones que produce activan y sincronizan los movimientos del bebé de tal manera que su cerebro recibe una vibración rítmica y armoniosa y su respuesta será igualmente rítmica y armoniosa.

[1] Alfred A. Tomatis, *The Conscious Ear, My Life of Transformation Through Listening*, Barrytown, Nueva York, Station Hill Press, 1991, pp. 208-215.

A los cinco meses de gestación respondemos a los fonemas del lenguaje que pronuncia nuestra mamá. A las veinticuatro semanas desplegamos movimientos rápidos de ojos mientras dormimos y respondemos a la música parpadeando y moviéndonos como al son de un baile. Al séptimo mes se piensa que efectuamos movimientos más por libre elección que por simple reflejo condicionado.

Cuando nacemos nuestro oído es perfecto; su capacidad disminuye con el paso del tiempo. El oído será nuestra primera defensa: podremos "apagar" nuestro oído dominante al dormir, pero, si un sonido no nos es familiar, este oído dominante se activará y nos asustaremos y tal vez gritemos pidiendo ayuda. Ya adultos, también utilizamos este increíble mecanismo para mantenernos alerta ante el peligro cuando dormimos en un lugar desconocido.

El oído es uno de los sentidos más importantes porque a través de el entran las vibraciones al cerebro, algo crucial en el aprendizaje.

Si estamos expuestos durante grandes periodos de tiempo a sonidos fuertes y constantes, especialmente a un volumen exagerado (como el de una discoteca), destruiremos las delicadas células pilosas del oído que transmiten la vibración y se reducirá la agudeza acústica.

The New York Times comentaba el 16 de noviembre de 1982 la siguiente noticia:

> El mes pasado, mientras trataba de avistar un submarino soviético cuya presencia sospechaba, la marina sueca tuvo dificultades para encontrar marinos con muy buen oído para poder usar correctamente los instrumentos de escucha. "El oído de un considerable número de jóvenes —ha dicho el capitán de la marina— parece haber sido permanentemente dañado por años de escuchar música rock."

El mismo artículo ofrecía una investigación japonesa de 1982 en la cual se habían encontrado severas dificultades auditivas en muchos jóvenes, la mayoría habituados a las discotecas: en algunos su capacidad auditiva era similar a la de hombres de entre sesenta y sesenta y nueve años; proseguía el artículo: estos jóvenes entran en el ejército con los oídos a punto de jubilarse.

El ruido produce efectos psicológicos nocivos, vuelve a las personas insociables, predispone a la ira y genera un comportamiento agresivo. Por tanto, protejamos nuestro oído de vibraciones estrepitosas y volúmenes muy altos, pues el daño que nos podrían causar sería irreversible. Siempre podemos elegir lo mejor.

El doctor Tomatis descubrió que fuertes vibraciones sonoras desempeñan una parte importante en el mantenimiento de la alerta y la energía en el sistema nervioso. En los años sesenta, cuando investigó los monasterios de Francia donde cientos de monjes que habían cambiado el canto gregoriano por cantos en francés desertaban de la vida religiosa, descubrió que éstos necesitaban dormir más, eran menos productivos y tendían a enfermar con mayor frecuencia. El canto gregoriano, con un registro de vibración alto y rico en armónicos, creaba condiciones especiales para la oración de los monjes; quienes habían abandonado la vida monacal no lo hacían por falta de vocación, sino porque ya no podían orar con las nuevas vibraciones del francés .[2]

Tomatis aplicó este conocimiento a los trabajadores de fábricas que habían perdido el oído para los tonos altos por el constante ruido; igualmente se mostraban con frecuencia adormilados y su producción se había desplomado. Haciéndoles escuchar música como la barroca, que genera ondas cerebrales armónicas, logró que incrementaran su productividad noventa y cinco por ciento. El mismo afirma: "El oído está diseñado para energetizar el cerebro y el cuerpo".

A continuación, basándome en las investigaciones del doctor Lozanov, nacido en Bulgaria y experto en hipnopedia, te propongo varios tipos de música:

• Música barroca para superaprendizaje.
• Música para aprendizaje activo.
• Música para revitalizar el cerebro.

[2] Alfred A. Tomatis, *Education and Dyslexia*, Fribourg, Suiza, Association Internationale d'Audio-Psycho-Phonologie, 1978.

SELECCIONES DE MÚSICA BARROCA PARA SUPERAPRENDIZAJE

- Vivaldi
  Largo del "Invierno" de *Las cuatro estaciones*
  Largo del *Concierto en re mayor para guitarra y cuerdas*
  Largo del *Concierto en do mayor para mandolina y clavicordio*
- Telemann
  Largo de la *Doble fantasía en sol mayor para clavicordio*
- Bach
  Largo del *Concierto para clavicordio en fa menor* Opus 1056
  Aire para la cuerda de sol
  Largo para el *Concierto de clavicordio en do mayor* Opus 975
- Corelli
  Largo del *Concierto número 10 en fa mayor*
- Albinioni
  Adagio *en sol para cuerdas*
- Caudioso
  Largo del *Concierto para mandolina y cuerdas*
- Pachelbel
  Canon en re

La música barroca logra estados y condiciones propicios para el aprendizaje, pues tiene un ritmo de sesenta golpes, que equivalen a los latidos del corazón cuando estamos tranquilos y reposados. Por eso sincroniza su ritmo al de nuestros latidos de forma inmediata y el cerebro al registrarla manda una señal al cuerpo para mantenerlo tranquilo y en alerta.

También los músicos barrocos preferían tonos graves, porque la onda que produce el sonido es más larga, lo que provoca que el cerebro alcance ondas bajas, como la alfa, e inmediatamente se relaje.

Es importante combinar la música barroca de 60 tiempos, como el Canon de Pachelbel, con la de 80 tiempos, como los Conciertos grossos de Händel y usarla al inicio de la clase, al comenzar una actividad, un examen y mantenerla como música de fondo durante el estudio.

SELECCIONES MUSICALES PARA EL APRENDIZAJE ACTIVO

- Mozart
Sinfonía *Praga*
Sinfonía *Haffner*
Concierto para violín y orquesta número 5 en la mayor
Concierto para violín y orquesta número 4 en re mayor
Concierto para piano y orquesta número 18 en si sostenido mayor
Concierto para piano y orquesta número 23 en la mayor

- Beethoven
Concierto para violín y orquesta en re mayor Opus 61
Concierto número 1 para piano y orquesta en si sostenido

- Brahms
Concierto para violín y orquesta número 1 en sol menor Opus 26

- Tchaikovsky
Concierto número 1 para piano y orquesta

- Chopin
Todos los valses

- Haydn
Sinfonía número 67 en fa mayor
Sinfonía número 68 en do mayor

Las selecciones para el aprendizaje activo poseen una vibración más corta que la música barroca; la agilidad en las notas y el aumento en el ritmo provocan en la persona un estado de alerta constante manteniéndola en condiciones de lograr un aprendizaje más activo, esto es, con más interacción mente/cuerpo.

SELECCIONES MUSICALES PARA REVITALIZAR EL CEREBRO

- Mozart
Conciertos para violín 1, 2, 3, 4 y 5
Sinfonías 29, 32, 39 y 40
Sinfonía concertante
Contradanzas y todos los cuartetos para cuerdas

En cuanto a la música para revitalizar el cerebro, proporciona nueva energía y lo dispone para cualquier aprendizaje. ¿Qué tal si empiezas a escuchar algo de esta música por curiosidad? Pronto notarás resultados que tal vez ni imaginas.

El efecto general de la música propuesta es el de un "masaje sónico". Al eliminar la tensión del trabajo mental intenso, ayudará a centrar la atención hacia dentro en vez de hacia fuera. Quizá entremos en un estado de plácido sueño debido al carácter sumamente estructurado de la música y seguramente acelerarás tu aprendizaje. Con esta música mantendrás un control completo, superalerta, lúcido y consciente de todo lo que sucede. No es una elección personal ni tiene nada que ver con gustos propios; es una música específica (pautas sónicas) para un objetivo específico.[3]

También es benéfica la música que incorpora sonidos de la naturaleza —los del mar o el viento— o cantos de pájaros, tal vez de la selva o de un día lluvioso; este contacto con la naturaleza aquieta nuestro interior y nuestro cerebro produce vibraciones armónicas que forman las condiciones para disfrutar nuestro aprendizaje.

También Don Campbell[4] descubrió que la música de Mozart estimula la inteligencia, el aprendizaje, (como en la Sinfonía #14), la creatividad y la imaginación (como en el Cuarteto #21).

Alguna música, en especial como la de Stephen Halpern y su *Spectrum suite*, está compuesta *ex profeso* para vibrar en diferentes colores y cada nota determinada para hacer vibrar el cerebro con cada color, empezando por el rojo, continuando por todo el espectro de colores, terminando por el morado, y funciona de maravilla.

¡Qué sueño tan hermoso sería que antes de comenzar una clase escucháramos durante cinco minutos música barroca y luego un fondo musical de aprendizaje activo! ¡Los resultados serían inmediatos y efectivos! ¡Sería como preparar previamente el cerebro para aprender de una manera fácil y rápida! Tú puedes crear y experimentar tus propias combinaciones. ¡Inténtalo! ¡Puedes convertirte en un facilitador de tu propio aprendizaje y del de los demás!

[3] Sh. Ostrander, L. Schroeder y N. Ostrander, *Superaprendizaje*, México, Grijalbo, 1983, p. 79.
[4] D. Campbell, *El Efecto Mozart*, México, Urano, 1997.

6

¿ A QUÉ SABE EL APRENDIZAJE?

Uno de los sentidos que pocas veces desarrollamos es el gusto, localizado específicamente en las papilas gustativas de la lengua. Cuando nacemos nos brinda una información valiosa sobre nuestro medio ambiente, conocemos a nuestra mamá, los objetos que nos rodean, nuestro propio cuerpo gustando y saboreando.

Es muy importante saber estimularlo apropiadamente, ofreciéndole a nuestro paladar la posibilidad de elección entre sabores naturales en contraposición con los artificiales que llegan a crear en nosotros adicción y nos quitan la posibilidad de experimentar otros diferentes. Por ejemplo, la ingestión excesiva de chile, de químicos sofisticados como el de algunas bebidas o frituras, demasiada sal o azúcar, muchas veces inhibe nuestra capacidad natural de distinguir un sabor de otro.

El aprendizaje también tiene sabor. Hay personas que piensan negativamente en términos de gusto sobre el aprendizaje: "Eso está rancio", "No me sabe a nada", "Es un mal bocado", "Me provoca indigestión". Sin embargo, otras personas afirman positivamente "¡Qué rico!", "¡Es un placer al paladar!", "El aprendizaje es como un banquete, te sientas a la mesa a disfrutar de la variedad de comidas", "¡Qué delicioso, me dejó un buen sabor de boca!"

Démosle sabor al aprendizaje; depende de nosotros. Y a medida que sea positivo ese sabor, formaremos las condiciones para acelerarlo. Además de ingerir bastante agua, que es un nutriente importante para el cerebro.

Ahora te daré algunos consejos de nutrición para que, alimentando bien a tu cerebro, éste se convierta en tu mejor aliado al aprender.

Por ejemplo, la Ginkobiloba ayuda a oxigenar el cerebro; la vitamina B6 adelgaza la sangre y se encuentra en la yema del huevo, germen, levadura, mantequilla y vegetales amarillos y verdes; la vitamina B12, que se convierte en acetilcolina, ayuda a la memoria y se encuentra en la carne, pescado, soya, avena, cacahuates y nueces.

Te invito a ser prudente al comer maíz, pues produce una enfermedad llamada "pelagra" que trae como consecuencia debilidad cerebral y demencia, sobre todo si se combina con sus antígenos: alcohol y azúcares refinadas. Si el maíz se sustituye por pan blanco, éste que contiene bórax, puede provocar convulsiones cerebrales, es mejor entonces, ingerir cereales enteros.

Por la mañana el cerebro necesita azúcares naturales, así que una fruta bastaría para darte la glucosa necesaria que requiere tu proceso de pensamiento, si se combina con levadura, mantequilla, pan integral y huevo, tu desayuno será completo.

En la comida puedes tomar vegetales, frutas, leguminosas, pescado, pollo, carne. Por la noche tomar cereales enteros, yogurth, una buena ensalada.

Muchas veces la falta de ciertas vitaminas obstaculiza el aprendizaje, por ejemplo la falta de vitamina B2 hace que el organismo sea propenso a la depresión y a la sensibilidad al ruido; la falta de vitamina B5 provoca que estemos ansiosos, deprimidos, o demasiado activos y también produce alergias; la falta de biotina provoca estrés, caída del pelo, dolores musculares, depresión; la falta de tiroxina (que se encuentra en las aves, pescado y leguminosas) detiene la producción de aminoácidos importantísimos para la conexión cerebral.

Por tanto, una dieta balanceada, a base de alimentos naturales, mantendrá tu sistema nervioso equilibrado, tu cerebro listo para el aprendizaje, la posibilidad de usar sanamente tus talentos creando un mundo digno y saludable.

Te invito a cuidar tu salud física y mental empezando por tu boca. Recuerda que, en buena medida, somos lo que comemos. Así que:

¡ Tú mereces nutrirte lo mejor posible ! ¡ Buen provecho!

7

¿APRENDEMOS TAMBIÉN OLIENDO?

¡Claro! Nuestro olfato es notable: está compuesto de billones de pequeñas células pilosas que conforman un puente entre la nariz y el lóbulo frontal del cerebro y nos permiten diferenciar entre un olor y otro.

Los olores están muy ligados a la memoria y por tanto desempeñarán un papel importantísimo en el aprendizaje inicial del niño y a lo largo de su vida. Si un día, al pasear por cierto lugar, hueles algo que te era familiar de tu infancia, inmediatamente se desencadenará una serie de sensaciones y recuerdos.

Mi abuelita siempre había usado el mismo perfume; ella falleció hace veinticuatro años. Y un buen día, al pasar por una tienda de antigüedades, olí un perfume; era el mismo de mi abuelita, el olor que había permanecido registrado y guardado en mi cerebro durante veinticuatro años se hizo presente en ese instante e inmediatamente los más hermosos recuerdos inundaron mi mente; al salir de la tienda mis lágrimas confirmaban un sentimiento de agradecimiento.

El olor también es usado para alertarnos en el peligro. Cuando una persona o un animal tiene miedo secreta feromonas que pueden fácilmente ser detectadas por ciertos animales (perros, por ejemplo) que reaccionarán al temor. Un bebé o un niño puede ser capaz de reconocer inmediatamente la sensación manifiesta de peligro o de miedo en su medio ambiente y reaccionar para protegerse.

Nuestro sentido del olfato adopta un papel relevante durante la pubertad, cuando se incrementan las esencias sexuales, fuertes estimulantes para el cerebro que desplegarán en nosotros conductas como la seducción o el coqueteo.

Se ha demostrado que el mal olor desencadena una respuesta negativa en el cerebro humano más rápidamente que las imágenes o los sonidos; por eso te recomiendo salir a respirar oxígeno en ambientes naturales, ya que es el principal nutriente de tu cerebro. Los olores agradables, cuando iniciamos un aprendizaje, serán determinantes para que éste sea integral. Olores como canela, lavanda, esencias de flores, maderas o ciertos aceites tienden a reducirnos el estrés.[1] Si logramos ligarlos al aprendizaje formarán una especie de ancla que nos recuerde la hermosa experiencia de aprender.

---

[1] Maxwell-Hudson, *Aromaterapia y masaje*, México, Javier Vergara, 1994.

8

LA PIEL: EL SENTIDO MÁS GRANDE DEL CUERPO

Para aprender sobre el medio ambiente necesitamos la valiosa ayuda de nuestra piel: ésta se extiende a lo largo y ancho de nuestro cuerpo y gracias a ella experimentamos calor, frío, dolor, suavidad, presión, frescura, pues se encuentra repleta de terminaciones nerviosas determinantes en el aprendizaje.

Si alguien, por ejemplo, nos toca, se incrementa la producción de hormonas en el cerebro, al tiempo que se activa todo el sistema nervioso. En efecto, se ha comprobado que si a un niño no se le acaricia mostrará una función depresora en su vida adulta. Eric Berne subraya en su teoría de análisis transaccional la importancia de las caricias como parte integral del desarrollo: si un niño no vive esa experiencia, de adulto sufrirá esta carencia a través de diferentes tipos de juegos psicológicos.[1]

Jean Ayres descubrió también una conexión entre la sensibilidad al contacto (incapacidad para tolerar que alguien nos toque) y los desórdenes en el aprendizaje del niño, e implementó un programa para quienes padecen desórdenes en el aprendizaje basado en la activación de todos los receptores nerviosos tocando suavemente la piel con pinceles finos o también presionando, rodando pelotas por todo el cuerpo, especialmente sobre los brazos, piernas y espalda, integrando esto con movimientos rítmicos.[2]

[1] James Muriel, *Nacidos para triunfar*, México, Fondo Educativo Interamericano, 1975, pp. 41-43.

[2] A. Jean Ayres, *Sensory Integration and Learning Disorders*.

El tacto, inmediatamente después del nacimiento, estimula el crecimiento de las terminaciones sensoriales del cuerpo comprometidas en los movimientos motores, en la orientación espacial y en la percepción visual. Si no se presenta esta activación, los movimientos musculares serán deficientes y se presentarán distorsiones en el aprendizaje.

De bebés, conocemos el mundo con la boca y las manos incrementando la eficiencia de nuestro aprendizaje; aprovechemos ahora el enorme potencial de nuestro tacto y combinémoslo con otros sentidos para que sea activada un área más grande del cerebro y podamos así formar un mayor número de redes neuronales que permitan un aprendizaje más integral.

Me parece una gran oportunidad el aprender a tocar a las personas de una manera respetuosa y sencilla, pues ese mismo hecho –tocar a alguien– es crucial para el desarrollo de la personalidad y para el aprendizaje. Hay personas que muestran una tendencia exclusivamente a "ver" a los demás, otras a "escucharlos", algunas a "tocarlos". De los tres sentidos, la experiencia de ser tocado permanece siempre en alguna parte de la piel; por eso es preciso tocar, acariciar con respeto, delicadeza y ternura para aprender también que la relación humana necesita sentirse, no basta verla o escucharla.

9

DE LA VISTA NACE EL APRENDIZAJE

¡Qué hermoso es ver! Captar los colores, las formas, los espacios. En realidad, el ojo es el instrumento para este maravilloso fenómeno que sólo involucra diez por ciento del proceso, el restante noventa por ciento ocurre en el cerebro, en la parte posterior: el lóbulo occipital.

Cuando somos bebés experimentamos el mundo tocando y viendo. Cuando veíamos algo inmediatamente queríamos tocarlo, pues tocar permite también conocer su dimensión, textura, línea e incluso color (recordemos que cada color posee una diferente vibración).

Las imágenes penetran por nuestros ojos y se invierten hacia atrás mientras entran por el nervio óptico y a través del quiasma óptico. Se dirigen del tálamo al lóbulo occipital donde la visión primaria es procesada. La visión completa se produce cuando la información de todos los lóbulos cerebrales ha sido accesada.

Por tanto, es el cerebro el que compone la tercera dimensión integrando la información que proviene de cada ojo y ajustándola de una manera sorprendente; Dan Dyckman y Mike Bielinsky han logrado crear por computadora los famosos cuadros de tercera dimensión que ayudan al cerebro a crear dicha dimensión.

En consecuencia, aprendemos viendo. ¡Qué gran oportunidad para elegir también qué imágenes queremos llevar a nuestro cerebro, qué imágenes provocamos en los demás, cuáles se quedarán, frecuentemente, para siempre en el cerebro del otro!

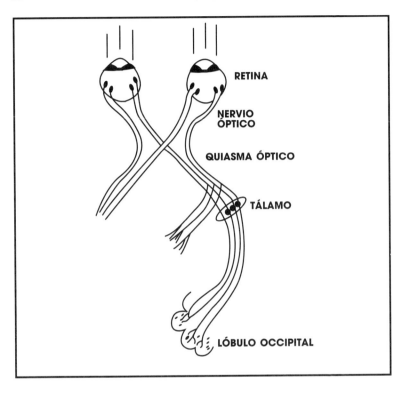

Aprendemos viendo; sí, así que merecemos imágenes dignas como seres humanos trascendentes. Es preciso aprender a contemplar un atardecer, un bosque, un cielo estrellado, unos ojos que aman, una sonrisa sincera, en fin, aquello que sea digno de mí.

¡Cuidemos nuestros ojos, son las ventanas del alma!

10

¿ QUÉ SUCEDE SI VEMOS MUCHA TELEVISIÓN ?

Una sugerencia muy importante es la de Joseph Chilton Pearce: [1] no ver televisión antes de los ocho años de edad, porque la imaginación y las habilidades del lenguaje aún no se han establecido integralmente y si el niño empieza a ver televisión toda la información que se le brinda en bloque, ya resuelta, con el tiempo atrofiará su imaginación.

La televisión, así como los juegos de computadora y nintendo, hacen al niño pasivo en sus movimientos; es verdad que también adquiere velocidad cerebral, pero esto no quiere decir que aprenda algo significativo, sólo captura las imágenes, las palabras y movimientos a gran velocidad, y este proceso es tan rápido que los jóvenes cerebros no alcanzan a asimilarlo.

Me parece que en este punto la virtud de la prudencia nos ayudaría a equilibrar y balancear el uso de dichos medios de comunicación: un medio no es bueno ni malo, depende del uso que le demos.

Si ver la televisión impide el movimiento físico, la comunicación interactiva o el juego, es hora de hacer un alto y preguntarnos: ¿cuántas horas ven nuestros hijos televisión?, ¿seis?, ¿ocho? Aparentemente están quietos, bajo control, pero se ha comprobado estadísticamente que la televisión interfiere en el aprendizaje,

---

[1] Joseph Chilton Pearce, *Evolution's End, Claiming the Potential of Our Intelligence*, San Francisco, Harper, 1992, pp. 164-171.

en la disminución de la creatividad e incluso en la interacción con otras personas.

Observa a un niño frente a la televisión; parece hipnotizado, si le preguntas algo no responde: bombardeado por una serie de imágenes repite lo que oye sin un fondo de comprensión que dirija su imaginación y su razonamiento creativo. Por eso cuando mi sobrina Ana Mari veía *Cenicienta* no lograba aprender las canciones, podía repetir las palabras pero no comprenderlas.

Las imágenes provocan que los ojos del niño enfoquen demasiado y así se disocien del sonido (no hay conexión entre las palabras y las imágenes). El cerebro, para defenderse, reduce su actividad hasta la onda más baja, la onda alfa, incompatible con el pensamiento activo y el razonamiento.

Según Kate Moody, "la televisión les da a los niños sorprendentes piezas complejas de información, pero este conocimiento está desintegrado y le falta suficiente contexto y significado".[2]

Cuando los niños ven televisión, se habitúan a un estado de aprendizaje carente de involucramiento físico, emocional y hasta sensorial (olor, gusto, tacto e incluso movimiento). Si esto se convierte en un hábito, los patrones de aprendizaje se verán afectados lamentablemente.

Los niños aprenden mejor "moviéndose" que "viendo", y sobre todo interactuando con otras personas; además, aprenden mejor jugando, desarrollando su imaginación y procesando sus experiencias a su propio ritmo y tiempo. Seamos impulsores de su imaginación, de su creatividad, de sus inventos, de sus juegos, a fin de que sean capaces de crecer emocionalmente y adquieran madurez perceptual para así disfrutar de esta hermosa vida.

Es importante destacar que el sentido de la vista funciona mejor cuando nuestros ojos están en movimiento activamente recogiendo la información sensorial del medio. Eckler, premio Nobel de neurología, afirmaba que la visión se parece más a una pintura que a una fotografía, pues es el ojo el que al moverse barre la

---

[2] Kate Moody, "Growing Up on Television", *The New York Times*, 1980, pp. 37, 51 y 53.

imagen con gran detalle y el cerebro es el que recibe la información y la interpreta.

En una situación de aprendizaje activo los músculos externos del ojo se mueven constantemente de arriba hacia abajo, de lado a lado o en círculos. Y cuando enfocamos, perdemos el sentido de lo que sucede a nuestro alrededor. Cuanto más se fortalezcan y se muevan en equipo los músculos de los ojos, más conexiones se desarrollarán en el cerebro y más disponibles se encontrarán para brindar una mejor respuesta.

Así, cuanto mayor sea el movimiento ocular, más músculos de ambos ojos trabajarán juntos en una labor coordinada de equipo. Estos músculos integran lo visual con lo kinestésico (sensación) para entender las formas naturales, los movimientos y la alerta espacial.

Desde los primeros grados, en la escuela a los niños se les entrena a no mover sus ojos más allá del pizarrón y del escritorio, y a permanecer inmóviles. Claro, existen maestros que ignoran el hecho de que ver está íntimamente conectado con el movimiento.

Los periodos de lectura sin relajar el foco en la distancia pueden causar posiblemente inflamación y si el globo ocular se alarga surge la miopía o la vista cansada. Mientras leemos nuestro ojo enfoca bidimensionalmente, así que parpadear es importante porque le ayuda al ojo a humedecerse y a relajar el foco. Por consiguiente, procurémonos descansos de siete a diez minutos donde el ojo pueda reestablecer su visión tridimensional y periférica de una manera relajada y natural antes de continuar leyendo.

Existe el llamado estrés visual: por ejemplo, si después de ver una película de terror tratas de leer, te darás cuenta de la dificultad que experimentas, los ojos no pueden enfocar y se mueven periféricamente en respuesta a la sensación de peligro.

Si seguimos bajo circunstancias de estrés los músculos exteriores de nuestros ojos tenderán a estirarse alargando los músculos internos y provocando una visión fóbica (cuando enfocamos en un solo punto), y rastrearemos las imágenes con mayor dificultad.

La Gimnasia Cerebral® permite activar muy fácilmente todos los músculos de los ojos reduciendo la reacción de estrés y ayudando a una mejor lectura y comprensión de la misma.

En niños de quien se ha abusado sexualmente los músculos oculares se atrofian; la Gimnasia Cerebral® les brindará mayores posibilidades de interacción con su mundo ejercitando sus músculos visuales internos y externos otra vez.

ORACIÓN DE UN NIÑO

Señor, esta noche te pido algo especial:

Conviérteme en un televisor porque quisiera ocupar su lugar para poder vivir lo que vive el televisor de mi casa.

Tener un cuarto especial para mí.

Congregar a todos los miembros de la familia a mi alrededor.

Ser el centro de atención al que todos quieren escuchar, sin ser interrumpido ni cuestionado.

Que me tomen en serio cuando hablo.

Sentir el cuidado especial que recibe la televisión cuando algo no le funciona.

Tener la compañía de mi papá cuando llega a casa aunque esté cansado del trabajo.

Que mi mamá me busque cuando esté sola y aburrida, en lugar de ignorarme.

Que mis hermanos se peleen por estar conmigo.

Divertirlos a todos, aunque a veces no les diga nada.

Vivir la sensación de que lo dejen todo por pasar unos momentos a mi lado.

Señor, no te pido mucho, todo esto lo vive cualquier televisor.

Así sea...

Inspirado en un texto de
José Luis Martín Descalzo

11

APRENDEMOS IMAGINANDO Y JUGANDO

Cuando Albert Einstein era alumno de primaria y los maestros lo tachaban de "inepto" para las matemáticas, tal vez era porque no respondía a las expectativas del colegio; sin embargo, él soñaba que, montado en un rayo, podía alcanzar la velocidad de la luz, y así su imaginación le permitió calcular dicha velocidad, plasmándola en su famosa fórmula: $E = mc^2$.

Si usas tu imaginación activas los patrones sensomotores en relación con tu emoción y tu memoria. Este proceso tiene tal importancia que hasta el propio Einstein afirmó que "la imaginación es más importante que el conocimiento, porque, mientras el conocimiento marca todo lo que está ahí, la imaginación apunta a todo lo que va a estar".[1]

Cuando le leas un cuento a un niño observa cómo se concentra en lo que estás leyendo y cómo permanece quieto mientras escucha. Las imágenes internas que forma su cerebro se conectan con su emoción y poco a poco adquiere la comprensión del cuento. El aprendizaje se hace patente cuando te pide que vuelvas a leerlo, una y otra vez, y si acaso te equivocas en una palabra te lo hará notar porque no coincide con las redes neuronales ya formadas. La imaginación es tan importante que el niño te contará la historia a su manera y de hecho la incorporará en su cuerpo, a través del

[1] Albert Einstein, *The Theory of Relativity. Out of my Later Years*, Secaucus, Nueva Jersey, Citadel Press, 1956, p. 41.

movimiento, asumiendo el papel de alguno de los personajes, lo que manifiesta su propia creatividad.

Los niños se desarrollan armoniosamente con el juego. Éste es la expresión instintiva de todas las actividades humanas y prepara al niño para enfrentar problemas futuros. El juego da felicidad, según opina la maestra Hermelinda Bermúdez, ex presidenta del Comité Mexicano de la OMEP (Organización Mundial de Educación Preescolar), gracias al juego el niño se desarrolla física, intelectual, social y emocionalmente, y así se capacita para las sucesivas etapas de su vida.

Cuando los niños juegan a la mamá, al papá o al maestro, manejan su voz y ademanes imitando perfectamente la figura que usan como modelo; por eso es imprescindible que, como adultos, se eviten actitudes no buenas que los niños puedan imitar: se educa más con el ejemplo que con la palabra.

El juego es una oportunidad para educar; por ejemplo, en China, el juego de los tangramas consiste en elaborar figuritas de papel entre dos niños: en una cajita se guardan papelitos con diferentes formas; cada niño tiene papelitos y uno empieza diciendo: "¿Me quiere usted hacer el favor de darme aquel papelito?"; el otro le contesta: "Con mucho gusto, aquí tiene", y recibe la contestación: "Gracias"; a continuación, se van alternando.

El juego también permite aprender reglas y valores, como la honestidad, la disciplina, el orden, que nos ayudarán a convivir en la sociedad. Es muy importante que los papás jueguen con los niños en algunos momentos para enseñar dichas normas, para compartir su creatividad, para educar en algunos valores; posteriormente, ya el niño jugará solito.

Entre los dos y los cinco años es una etapa crucial en el desarrollo cognitivo del niño, mientras aprende a procesar información y a usar su creatividad. Cuando se comunica con otros niños jugando, acelera este proceso. Sin embargo, hoy en día muchos niños parecen haber perdido las ganas de jugar, tal vez porque los juegos estén demasiado estructurados o tal vez porque el niño se vuelve adulto cuando todavía es niño, o porque el adulto no sabe cómo crear las condiciones para que de verdad juegue el niño.

Yo recuerdo con gran entusiasmo la casita de trapos que mis amigas y yo hacíamos durante el recreo, cómo jugábamos a los grandes viajes poniendo sillas e imaginando que volábamos a otras tierras, cómo nos vestíamos con la ropa de los mayores y jugábamos a ser adultos, cómo jugábamos a las muñecas sintiéndonos mamás antes de tiempo o reinas de un hermoso castillo, o jugábamos con las esferas de navidad a que estábamos en la televisión presentando los juguetes que los Reyes nos habían traído. ¡Ah, creo que aprendimos más de la vida, de compartir, de amistad, de creatividad, que de conceptos y de información! Estos aprendizajes han quedado grabados en mi corazón.

El doctor Paul McLean afirma que "hay que unir el proceso del desarrollo imaginativo al desarrollo del juego convirtiendo éste en la esencia de la creatividad que formará las condiciones para un alto nivel de razonamiento futuro".[2]

Y es que el juego representa la integración total de la mente y el cuerpo, pues aprendemos mejor jugando. Incluso los juguetes creativos que surgen de la imaginación engrandecen el desarrollo exponencial del cerebro. ¿Tienes una idea de cómo inventar un juguete ahora y jugar con él? Yo creo que sí.

La doctora Candide Pinault, presidenta internacional de la OMEP afirma que el niño juega para jugar, para su alegría, por el gozo personal, y crea ese gozo a partir de lo que su entorno, sea cual fuere, le propone. El juego, prosigue, es la actividad por excelencia donde el niño actúa por sí mismo poniendo toda su atención, es parte integral del aprendizaje, el niño se ocupa en construir y reinventar, para sí mismo, una gran parte del saber humano. Por tanto, los niños no juegan con la intención de aprender, pero aprenden jugando.[3]

---

[2] Paul D. MacLean, *The Triune Brain in Evolution, Role in Paleocerebral Functions*, Nueva York, Plenum Press, 1990, pp. 559-575.

[3] Candide Pinault, conferencia de apertura, Congreso Internacional de la Organización Mundial de Educación Preescolar, México, 22, 23 y 24 de julio de 1996.

Urge impulsar y motivar a los niños a que jueguen creativamente, alentando sus juegos espontáneos, jugando con ellos, permitiéndoles que creen sus propios juguetes, que inventen sus propias historias, proporcionándoles un espacio digno y agradable para que en libertad se expresen.

Es de vital importancia leerles cuentos para activar su imaginación y también proveerles de un ambiente bajo en estrés donde se sientan con gran confianza para manifestarse, tanto en sus emociones como en sus aciertos y errores, donde no se maneje el sentido de culpa, donde se respete al niño como persona que es, donde no haya burlas a sus procesos mentales.

Si yo le preguntara a un papá quién es más grande, él o su hijo, seguramente me contestaría: "Yo". Y, qué sorpresa, ninguno de los dos es más grande que el otro; en cronología sí, en la relación no, pues el padre lo es cuando tiene hijo y no antes, y el hijo es hijo cuando tiene padre; a pesar de que el padre tenga mucha experiencia en la vida, el aprendizaje empieza en el momento de ser padre.

Por ello, aprendamos los unos de los otros, es una oportunidad bellísima para compartir la aventura de la vida y, sobre todo, para jugar, imaginar, aprender juntos.

Según Schiller, el hombre no es sólo *homo sapiens*, sino también *homo ludens*: el hombre está hecho para jugar; por tanto, usemos nuestra imaginación, aprendamos otra vez a jugar, démonos permiso de experimentar cosas nuevas, de entrar en el mundo de los niños y que nos enseñen cómo es su mundo. Así, juntos integraremos más fácilmente en nuestros músculos aquel aprendizaje que más necesitamos. A propósito, ¿qué juego podríamos inventar hoy?

12

ME EMOCIONO, POR LO TANTO APREN-DO

Hay personas que opinan que una cosa es pensar y otra sentir, algunas hablan sólo del cuerpo y otras de la mente; lo cierto es que tanto el cuerpo como el pensamiento y la emoción están íntimamente ligados a través de impresionantes redes neuronales que funcionan en conjunto.

Las investigaciones de los neurocientíficos nos ayudan a explicarnos cómo y por qué el desarrollo emocional es esencial para entender nuestras relaciones, el pensamiento, la imaginación, la creatividad e incluso la salud de nuestro cuerpo.

David Gelernter afirma que

> si sustraemos la emoción del pensamiento, lo que permanece es meramente una parte final del espectro –un pensamiento lineal y lógico– e identificar una pequeña banda del espectro con el pensamiento en general es inadecuado. Las emociones no se pueden separar del pensamiento y éstas están atadas a los estados del cuerpo. No piensas sólo con el cerebro; piensas con tu cerebro y con tu cuerpo, con ambos.[1]

Gracias al desarrollo emocional, el ser humano se socializa, impone sus normas y reglas, vive ciertos valores, se entrega a los demás, aprende, madura, en fin, culmina su proceso de convertirse en persona, como dijera Carl Rogers .[2]

[1] David Gelernter *The Muse in the Machine, Computerizing the Poetry of Human Thought,* Nueva York, Free Press, 1994 pp. 46-47.
[2] C. R. Rogers, *El proceso de convertirse en persona,* Buenos Aires, Paidós, 1975, pp. 55-60.

Las emociones son energías en movimiento que pueden controlarse, manejarse y expresarse, estimulan grandes áreas del cerebro logrando conexiones poderosas entre el pensamiento. Por tanto, a mayor emoción en el aprendizaje, mayor integración de éste.

¿Has observado alguna vez cómo se emociona un niño al aprender un nuevo juego con sus compañeros? Se ríe, emplea todas sus energías, lo vuelve a intentar y aprende rápidamente. Si la emoción es contraria a la alegría –por ejemplo, de enojo–, también moverá su amor propio para aprender y obtener un resultado frente a sus amiguitos.

Quienes involucran emociones en el arte de vivir tendrán normalmente mayor éxito en los resultados que esperan alcanzar. Y al mismo tiempo, si aprendes a manejarlas, aquéllas serán un punto crucial para tus aprendizajes. Un ejercicio muy sencillo para enseñarles a los niños a manejar sus emociones es retardar la gratificación. Si un niño quiere algo y la emoción hace que su energía se desequilibre y se traduzca en un berrinche, busca un contador de tiempo y dile: "Sonará una campanita en cinco minutos; entonces te daré lo que pides". El niño aprenderá a esperar manejando su emoción, traduciendo ésta en esperanza. Contemplar su carita animosa esperando el sonido de la campana es todo un gozo.

Si hace calor y me siento feliz y de pronto hace frío y me siento triste, o si alguien me dice que me veo bien y vuelvo a sentirme feliz y en un minuto otra persona me dice que me veo mal y reacciono con tristeza, es porque nuestras emociones no dependen de nosotros sino de las circunstancias o de las personas que nos rodean.

Tú no eres ningún títere de nadie, no somos barquitos de papel a la deriva en un río con un destino predeterminado, somos personas con decisiones libres, con deseos de trascendencia y creadas para ser felices. Así que me atrevo a desafiar al filósofo Ortega y Gasset, quien defendía: 'Yo soy yo y mi circunstancia"; yo, por el contrario, afirmo: "yo soy yo a pesar de mi circunstancia". Te invito a vivir tu libertad con respeto y compromiso.

Elizabeth de Beauport asegura: "¿Qué falta en todos los esfuerzos educacionales? El cerebro que siente. El afecto es la primera característica del crecimiento de los mamíferos".[3] Cuando la educación parece convertirse a veces en un mero ejercicio intelectual, es tiempo de lograr que aprendamos mediante un compromiso emocional; algunas escuelas esperan que los estudiantes permanezcan callados, serios, ocupados intelectualmente, sin contenido emocional. El maestro se convierte en un policía para reprimir las expresiones de emoción. ¿Y la alegría de aprender? Aquellos estudiantes muy motivados para aprender han elegido adoptar un compromiso emocional y aprenderán porque aman aprender. Por otro lado, también nos encontraremos con quienes lo hagan por compromiso social, tal vez respondiendo a la expectativa de sus padres, o para sobrevivir. La diferencia entre ellos será el éxito que logren en la vida. Y éste sólo se conocerá años más tarde.

A continuación, te comparto algunas ideas:

CUANDO TU HIJO:

Te busque con la mirada... míralo.
Te busque con su boca... bésalo.
Te tienda los brazos... abrázalo.
Te quiera hablar... escúchalo.
Se sienta desamparado... ámalo.
Se sienta solo... acompáñalo.
Te pida que lo dejes... déjalo.
Te pida volver... recíbelo.
Se sienta triste... consuélalo.
Esté en el esfuerzo... anímalo.
Esté en el fracaso... protégelo.
Pierda toda esperanza... aliéntalo.

Anónimo

[3] Elizabeth De Beauport, *Tarrytown Newsletter*, 1983.

¿CÓMO SER DUEÑO DE MIS EMOCIONES?

Si me siento deprimido... cantaré.

Si me siento triste... reiré.

Si me siento enfermo... redoblaré mi trabajo.

Si siento miedo... me lanzaré adelante.

Si me siento inferior... vestiré ropas nuevas.

Si me siento inseguro... levantaré la voz.

Si me siento pobre... pensaré en la riqueza futura.

Si me siento incompetente... recordaré éxitos pasados.

Si me siento insignificante... recordaré mis logros.

Si se apodera de mí la confianza excesiva... recordaré mis fracasos.

Si me siento inclinado a entregarme a la buena vida...
recordaré hambres pasadas.

Si me siento complaciente... recordaré a mis competidores.

Si disfruto de momentos de grandeza...
recordaré momentos de vergüenza.

Si me siento todopoderoso... intentaré detener el viento.

Si alcanzo grandes riquezas... recordaré una boca hambrienta.

Si me siento orgulloso en exceso... recordaré un momento de debilidad.

Si pienso que mi habilidad no tiene igual... contemplaré las estrellas.

Og Mandino

13

EQUILIBRIO Y MOVIMIENTO EN BALANCE

Si es con nuestros sentidos que recibimos la información del mundo exterior, también el tipo de estímulos sensoriales que el medio ambiente nos presente o que nosotros elijamos va a ser crucial en el desarrollo de nuestro aprendizaje. El primer sistema sensorial que se desarrolla totalmente –se mieliniza a los cinco meses de la concepción– es el sistema vestibular, que controla la sensación del movimiento y el equilibrio. Este sistema mantiene tanto el equilibrio estático como el dinámico. El equilibrio estático se refiere a la orientación del cuerpo, principalmente la cabeza, en relación con la gravedad, por ejemplo cuando estás de pie y sin moverte. El equilibrio dinámico mantiene la posición del cuerpo, en especial de la cabeza, en respuesta a los movimientos que se suceden con la aceleración, desaceleración y rotación cuando estás en movimiento, por ejemplo al caminar o cuando viajas dentro de un automóvil.

Hay algunos pequeños órganos comprometidos en la sensación vestibular. De ellos tomamos información sobre la posición de la cabeza en relación con el suelo. Son los más sensibles de todos los órganos, descansan en el hueso mastoides y forman parte del oído interno.

Cada vez que movemos la cabeza se inician los impulsos nerviosos sensoriales a través del sistema vestibular nervioso al cerebro. Estos impulsos llegan hacia el cerebelo, que monitorea y realiza los ajustes correctivos en las actividades musculares,

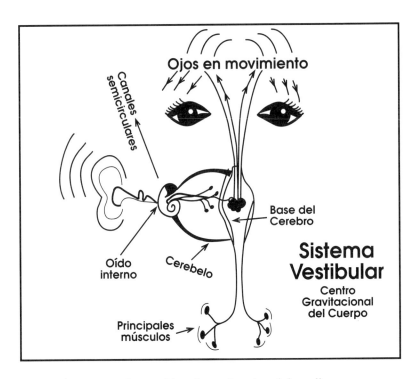

especialmente en la espalda y los músculos del cuello, que se contraen o se relajan. De esta manera los músculos se ajustan instantáneamente para no perder balance y equilibrio.

Con el sistema vestibular mantenemos nuestra postura corporal en relación con el suelo. Viajar en coche, avión o barco puede crear una sensación de desequilibrio que se manifestará en mareos.

La información de los ojos contribuye también a la sensación de equilibrio. "Cerca de veinte por ciento de los mensajes de los ojos, desde la retina y los músculos extraoculares, van a las áreas del cerebro que mantienen los mecanismos de equilibrio", afirma Homer Hendrickson.[1]

---

[1] Homer Hendrickson, *The Vision Development Process*, Santa Ana, California, Optometric Extension Program, 1969, p. 4.

Considera qué sucede cuando lees en un coche. Mantienes los ojos estáticos, pero el resto de tu cuerpo se mueve, especialmente la cabeza. El sistema debe trabajar intensamente para mantener el nivel de los ojos estático simultáneamente al movimiento de la cabeza. Al mismo tiempo está atendiendo al equilibrio del resto del cuerpo con un constante cambio en la gravedad, aceleración y desaceleración. Si no hay solución, vomitamos.

Cuando la cabeza se mueve, un fluido llamado endolinfa fluye en los ductos del oído semicircular sobre unas células con unos finísimos pelitos que se doblan y después regresan a la posición inicial; así se produce la audición. De acuerdo con Eugene Schwartz, hasta la simple alteración del fluido en los canales semicirculares del oído provoca cambios en los músculos del cuello, tronco, pulmones y musculatura del ojo.[2]

En el embrión el sistema vestibular es ya visible a los dos meses. La cabeza se mantiene muy activa mientras el feto se mueve dentro del fluido amniótico, y gracias a este sistema el niño podrá seguir moviéndose, movimientos que serán cruciales en sus procesos cerebrales.

La conexión entre el sistema vestibular, la neocorteza cerebral, los ojos y otros músculos es de suma importancia en el proceso de aprendizaje. Si no nos movemos, se desactiva el sistema vestibular y no adquirimos la información completa del medio ambiente.

Cuando observo a mi sobrinita rodar en la cama, pienso que, sin saberlo, está activando su sistema vestibular, y también me pregunto a mí misma: ¿por qué prefiero observar? Hay una razón: cuando entramos a la adolescencia la endolinfa en los canales semicirculares se engruesa en respuesta a las hormonas reproductivas, lo que provoca que los "pelitos" de las células se doblen por más tiempo y que el sistema entero tarde más en regresar a un estado de equilibrio confortable, por eso el adulto sólo observa.

[2] Eugene Schwartz, *Seeing, Hearing, Learning: The Interplay of Eye and Ear in Waldorf Education*, Camp Glenbrook Conference of the Association for a Healing Education, 14-16 de junio de 1988, 1990.

Al visitar un parque de diversión y subirnos a un juego como el Látigo o el Martillo, notamos que está específicamente diseñado para activar nuestro sistema vestibular y despertar el resto del cerebro para recibir el estímulo; estos juegos desbalancean todo el sistema vestibular provocando una experiencia corporal particular y un incremento de adrenalina, la droga de la supervivencia, que permite la entrada de mayor información sensorial al sistema interno y lo prepara para responder a cualquier situación de peligro del medio ambiente.

Desde que somos concebidos hasta el año y medio de nacidos, el sistema vestibular está muy activo, pues aprendemos a desafiar la sensación de gravedad conociendo nuestro entorno físico a través del movimiento; cada movimiento estimulará el sistema vestibular, que a su vez estimulará el cerebro para incorporar nuevos aprendizajes; entonces logramos las mayores proezas de equilibrio: caminar, subir, trepar, dar maromas, patinar, deslizarse, columpiarse, etcétera. En consecuencia, moverse o no moverse, he aquí la cuestión.

14

SI NO TE MUEVES, TE ENTUMES

¿Por qué el movimiento es esencial para el aprendizaje? En primer lugar, porque despierta y activa muchas de nuestras capacidades mentales, porque integra y graba nueva información y experiencia en nuestras redes neuronales y porque es vital para todas las acciones en las que encarnamos y expresamos nuestro aprendizaje.

El verdadero aprendizaje significativo, en el cual se establecen conexiones significativas para el aprendizaje, no se completa hasta que no encuentra una salida, de una manera física o en una expresión personal de pensamiento; y ésta se halla precisamente en el movimiento, en la acción, en la que el cuerpo se convierte en instrumento de dicha expresión.

El movimiento, por tanto, es una parte indispensable del aprendizaje y el pensamiento. Cada movimiento que efectuamos se convierte en un enlace vital para el aprendizaje y el proceso cerebral. Nuestro pensamiento se manifiesta en acción: incluye desde el movimiento atómico de tus células hasta los impulsos eléctricos que se desprenden y se concretan en movimientos específicos: caminar, mover los brazos, voltear hacia atrás, cerrar los ojos, cantar, dibujar, hacer deporte, dar un beso, prender la luz, peinarse, abrocharse los zapatos, etcétera.

Por eso es importantísimo movernos; si no, nos entumimos. Se ha comprobado que existe una unión poderosa entre el ejercicio y el cerebro: el ejercicio estimula el crecimiento y desarrollo del cerebro joven y también previene el deterioro en cerebros ya viejos. Los movimientos musculares coordinados activan la producción de neurotrofinas, que son sustancias naturales que estimulan el crecimiento de células nerviosas e incrementan el número de conexiones neuronales en el cerebro.

El movimiento, cuyas primeras expresiones se manifiestan en el seno materno, nos proporciona la primera sensación del mundo y, con base en el, formamos nuestra comprensión del mundo físico donde iniciaremos nuestros aprendizajes.

En cada uno de nuestros músculos guardamos la memoria de los movimientos que hemos aprendido. Piensa por un minuto qué difícil es para un niño de un año llevar la cuchara a la boca, aún no ha aprendido las distancias, el cálculo exacto para transportar, a la velocidad precisa, el alimento hasta él, el peso de la cuchara y el alimento; sin embargo, insiste una y otra vez hasta que un día lo logra. Después, este aprendizaje se archivará en el inconsciente, de tal manera que posteriormente ya no necesita aprenderlo, está incorporado en el músculo. Claro que el día que se te escurra la sopa por un descuido harás consciente ese aprendizaje que ya poseías desde tus primeros años y tú mismo te autocorregirás.

Cabe también mencionar que con un simple movimiento de la cabeza se alinean nuestros ojos, nariz, oídos e incluso lengua; un simple movimiento de ojos permite enfocar objetos a distancia y luego leer el periódico; gracias a los finos movimientos de la lengua y los labios podemos pronunciar palabras correctamente, los movimientos finos de nuestras manos nos ayudan a deslizarnos por un tablero de computadora sin tan siquiera ver el teclado, un simple movimiento de la nariz me previene de algún peligro, un simple movimiento de piernas me permite saltar… ¿Verdad que sí valoras la maravilla que vive en tu ser?

Gracias al movimiento hemos aprendido muchas cosas sobre nuestro cuerpo, y es también algo hermoso cuando aquél muestra gracia y belleza, cuando se usa la razón durante el proceso, cuando nos permite manifestar nuestras emociones y sentimientos. Piensa en un momento en tu rostro. ¿Cómo sabes que estás expresando enojo, o alegría, o que estás mirando tiernamente a alguien? ¡Por los diferentes movimientos que manifiesta! Por tanto, moviéndote también te comunicas con tus semejantes.

Según Argyl, siete por ciento de nuestra comunicación son las palabras que decimos, treinta y ocho por ciento corresponde al tono de voz, y cincuenta y cinco por ciento a nuestro lenguaje corporal: gestos, postura, contacto visual, ademanes, movimientos del cuerpo. En consecuencia, no es tanto lo que decimos sino cómo lo decimos, y esto dependerá del tono de la voz o del lenguaje corporal.[1]

Cada vez que nos movemos de manera organizada y con gracia se activa todo el cerebro y se produce la integración, la puerta para el aprendizaje se abre de manera natural y espontánea.

Si a través de los movimientos desarrollamos nuestra capacidad cerebral formando redes neuronales a través de los músculos, entonces es esencial para el proceso de aprendizaje permitir que los niños exploren cada aspecto del movimiento y equilibrio en su medio ambiente, que se expresen moviéndose, en vez de verse obligados, en los salones de clase, a permanecer quietos e inertes con la atención en un solo foco: el maestro.

Maestro que me escuchas, necesitamos aprender a usar toda nuestra flexibilidad y creatividad para formar las condiciones que permitan a los alumnos expresar su aprendizaje a través del movimiento, porque dicha expresión activa y muscular es un ingrediente importantísimo y crucial para sus aprendizajes y también, ¿por qué no?, para los nuestros.

Éste constituye un llamado para que a las actividades artísticas o atléticas que integran muchas formas de conocimiento, como armonizar tus músculos, formar equipos, competir sanamente, disfrutar de los éxitos, se les dedique el tiempo necesario dentro de la educación y se les otorgue la importancia vital que tienen en el aprendizaje.

Y recuerda: si no te mueves, te entumes, es hora de que practiques Gimnasia Cerebral®.

---

[1] M. Argyl et al., British Journal of Social and Clinical Psychology, vol. 9, 1970 pp . 222-231.

15

FUENTES DE LA GIMNASIA CEREBRAL®

La Gimnasia Cerebral® es un conjunto de ejercicios coordinados y combinados que propician y aceleran el aprendizaje, con lo que se obtienen resultados muy eficientes y de gran impacto en quienes los practican.

Estos ejercicios, que yo, Luz María Ibarra, he agrupado bajo el nombre de Gimnasia Cerebral®, están recopilados de tres grandes fuentes: la Programación Neuro-lingüística, las investigaciones de Paul Denison y, por último, mis experiencias como entrenadora internacional para veintidós países de Programación Neuro-lingüística en la isla de Bali, Indonesia.

SOBRE LA PRIMERA FUENTE

Programación Neuro-lingüística es conocida como la quinta fuerza en psicología; es una técnica desarrollada en la década de los setenta que proporciona herramientas y habilidades para desarrollar estados de excelencia individual y grupal. Sus creadores, John Grinder y Richard Bandler, la han llamado "psicología de la excelencia personal", y no es un invento, sino un descubrimiento.

Programación Neuro-lingüística es un modelo explícito de la experiencia humana y la comunicación; describe la dinámica fundamental de los procesos neurológicos que sostienen la actividad de nuestros sentidos.

Se llama *neuro*, porque mis sentidos informan al cerebro a través de la comunicación de las neuronas; *lingüística*, pues dicha

información al ser procesada se manifestará en el lenguaje concre-
to de mi comportamiento, y *programación*, porque al repetirse el
circuito de comunicación entre las neuronas y su expresión al mundo exterior forma en el cerebro una serie de programas que dan
respuestas concretas; por ejemplo, poseemos un programa para
vivir, para movemos, para comer, para respirar, para trabajar, pa-
ra hablar, para pensar, para beber, para dormir, etcétera. *Programa*
significa en realidad plan o acción para alcanzar una meta: elegi-
mos entre diferentes alternativas contenidas en nuestros recursos
neurológicos y lingüísticos para comunicarnos en el mundo en
que vivimos.

Programación Neuro-lingüística, por su capacidad para impulsar la excelencia de las personas y grupos, tiene el poder de alentar
el éxito empresarial, grupal y personal, ya que, según Luis Jorge
González, "apunta hacia lo mejor y más elevado del hombre, por
ello en forma práctica y efectiva entrena al hombre en la excelencia
[...] defino excelencia como una búsqueda concreta y constante de
lo óptimo y más perfecto en la vida del hombre".[1]

SOBRE LA SEGUNDA FUENTE

Paul Denison es un gran investigador que gracias a su dislexia y
dificultades visuales inició un programa llamado *brain gym* en 1970,
y que actualmente se desarrolla en el Centro de Aprendizaje del
Grupo Valley Remedial en California.[2]

Denison desarrolla su programa como una psicología experi-
mental donde sus investigaciones se enfocaron muy al principio
en el logro de la lectura y su relación con las habilidades del habla.[3]

[1] L. J. González, *Excelencia personal: valores*, México, Font, 1992, p. 14.
[2] Paul E. Dennison y Gail E. Dennison, *Brain Gym. Teachers Edition*, Ventura,
Edu-Kinesthetics, 1994.
[3] Paul E. Dennison y Gail E. Dennison, *Edu-Kinesthetics In-Depth, The Seven
Dimensions of Intelligence*, Ventura, Educational Kinesiology Foundation, 1990,
pp. 113-114

Con los años ha incorporado el proyecto de lectura del doctor Constance Amsden, el proyecto de los doctores Doman y Delacato, el trabajo de los doctores Louis Jacques y Samuel Herr (pioneros en el entrenamiento de la visión), el trabajo del optometrista doctor G. N. Getman, el doctor quiropráctico Richard Tyler y el kinestesiólogo en deportes Bud Gibbs.

Desde que se estableció la Fundación Educacional Kinesiológica en 1987, el *brain gym* ha sido dedicado a niños con deficiencias en el lenguaje, quienes a través de los ejercicios del doctor Denison logran aprender de un modo integral y eficiente.

SOBRE LA TERCERA FUENTE

En 1993 tuve la gran oportunidad de ser invitada, durante los meses de julio y agosto, como asesora internacional a los entrenamientos de programación neuro-lingüística, para dieciocho diferentes países, en la bellísima isla de Bali, Indonesia. Al año siguiente, en 1994, fui invitada como entrenadora del curso "Practitioner of Neuro-Linguistic Programming" para veintidós países diferentes.

Durante mi estancia en Bali compartí la instrucción con entrenadores como: Judith DeLozier, cofundadora de Programación Neuro-lingüística, Anne K. Entus, Michael Colgrass, Susan Grace Branch, Kelly Patrick Gerling, Nils Jorgen Sellaeg, Fran Burguess, Derek Jackson, entre otros.

El sólo decir Bali me recuerda el paraíso... una isla llena de vegetación exuberante... cocoteros, aves de impresionantes colores, cascadas de agua, volcanes espectaculares, templos hindúes, rituales impresionantes, danzas exóticas... y mucha gente amistosa que vive con serenidad y buen humor.

Bali es el hogar de una vibrante y muy antigua cultura hindú, lugar donde el arte y la espiritualidad desempeñan un papel importantísimo en la vida cotidiana de sus habitantes, tradiciones que han sobrevivido miles de años a pesar de las sucesivas invasiones extranjeras.

Se puede decir que Bali es una obra maestra de equilibrio en movimiento, reflejado en sus inmensos campos de arroz, en su música donde las percusiones marcan un ritmo balanceado, en sus obras teatrales, en su relación con los dioses del bien y del mal, en sus ofrendas, en sus ceremonias de culto a los muertos.

Dentro del corazón de la vida balinesa existe una serie de valores diferentes de los de nuestra cultura latina, las presuposiciones sobre el tiempo, el cambio, la persona y sus relaciones, la naturaleza y lo sagrado son, en cierta forma, diferentes a las nuestras, pero también parecidas.

En Bali aprendí algunos ejercicios que los balineses realizan con naturalidad y gracia, ejercicios que alinean el ser, el cerebro, brindan equilibrio y, por supuesto, nos ayudan a manejar el estrés y equilibran nuestro ser, aceleran el aprendizaje e incrementan la memoria.

Son estos ejercicios sencillos y fáciles de ejecutar; rompen con el falso concepto en nuestra cultura de que la mente y el cuerpo están separados y que, por tanto, el movimiento no tiene nada que ver con el intelecto. ¿Te gustaría probar? Te sorprenderás.

16

BENEFICIOS DE LA GIMNASIA CEREBRAL®

La Gimnasia Cerebral® que a continuación te presento se basa en el presupuesto de que todas las actividades físicas ayudan a pensar y a aprender. El primero de mayo de 1995 grandes investigadores del cerebro se reunieron en Chicago para examinar la unión entre el movimiento y el aprendizaje, y concluyeron sobre la urgente necesidad de conectar ambos.

Estos investigadores afirman que el ejercicio, además de mantener en forma huesos, músculos, corazón y pulmones, también fortalece el ganglio basal, el cerebelo y el cuerpo calloso del cerebro. Además, cuando se realiza en forma coordinada, provoca el incremento de neurotropina (el factor neuronal natural de crecimiento) y un gran número de conexiones entre las neuronas.

Esta Gimnasia Cerebral® mantendrá tu cuerpo/mente balanceado para aprender. En cada ejercicio te explicaré su rutina, para qué sirve, y en la mayoría encontrarás su ilustración fotográfica que te servirá de guía. Desde este momento te invito a vivirlos.

En las páginas finales (pp. 116-118) encontrarás una tabla de posibles combinaciones para que puedas planear tus propias rutinas, tanto para ti como, si eres padre o madre, maestro o capacitador, para tus hijos, alumnos o capacitandos.

Los ejercicios son sencillos y de fácil memorización; y si los ejecutas con disciplina diariamente, verás la respuesta inmediata cuando tu potencialidad de aprendizaje se incremente enormemente.

La Gimnasia Cerebral®, término creado por mí, Luz María Ibarra, es un regalo para tu valiosa persona.

La Gimnasia Cerebral® prepara tu cerebro para recibir lo que desea recibir, crea las condiciones para que el aprendizaje se realice integral y profundamente.

Una gran ventaja de los ejercicios propuestos es que puedes practicarlos en cualquier lado, momento y hora del día, y antes de emprender cualquier actividad, pues los movimientos son sencillos y, en algunos, necesitas sólo unos segundos.

Te invito a realizar esta Gimnasia Cerebral® con regularidad, disciplina y entusiasmo, así como a transmitirla a toda persona que albergue aún en su corazón el deseo de seguir aprendiendo.

A través de estos veinticinco movimientos encontraremos todo un programa detallado de ejercicios que puedes combinar de una forma integral.

Notarás que la Gimnasia Cerebral® en algunos momentos hace trabajar más tu cerebro, en otros más tu cuerpo o todo tu sistema nervioso; en realidad, siempre estarás involucrando a todo tu ser.

Si la conviertes en una rutina de activación para el aprendizaje, moviendo tu cuerpo, usando tu cerebro o tal vez efectuando un pequeño movimiento de ojos, activarás constantemente redes nerviosas a través del cerebro, en ambos hemisferios simultáneamente, y podrás asegurar el éxito en cualquier aprendizaje que emprendas.

La Gimnasia Cerebral® es muy efectiva: optimiza tu aprendizaje, te ayuda a expresar mejor tus ideas, a memorizar, a incrementar tu creatividad, te permite manejar tu estrés, contribuye a tu salud en general, establece enlaces entre tus tareas a nivel cognitivo y su manifestación hacia el medio ambiente, te brinda un mejor balance, mantiene la integración mente/cuerpo asistiendo al aprendizaje global y provocando una comprensión total de lo que deseas aprender.

Puede ayudar a niños, jóvenes, adultos y ancianos a mantener una memoria más lúcida y un pensamiento activo; también a niños etiquetados como "de lento aprendizaje", con "desórdenes deficientes de hiperactividad", "emocionalmente incapacitados" o con "síndrome de Down."

Los ejercicios integran rápidamente tu cerebro, te permiten mantenerte en estado de recursos para usar tu libertad en lo que sí deseas aprender y lo que te conviene aprender; en resumen, quien practica esta Gimnasia Cerebral® no se hace más inteligente, pero sí tendrá óptimos resultados y de mayor alcance porque activará y usará todas sus posibilidades y talentos.

Recuerda: se es más inteligente cuando se usa el cerebro junto con el cuerpo. Por lo tanto, ¡buena suerte en tu rutina ...! ¡Desde ahora confío en tu ÉXITO!

¡Ah! Recuerda repetir las siguientes palabras entre un ejercicio y otro, cada vez que puedas:

ES POSIBLE APRENDER...
TENGO LA CAPACIDAD
Y MEREZCO APRENDER...

25

EJERCICIOS PRÁCTICOS

1

BOTONES CEREBRALES

PASOS

1. Piernas moderadamente abiertas.
2. La mano izquierda sobre el ombligo presionándolo.
3. Los dedos índice y pulgar de la mano derecha presionan las arterias carótidas (las que van del corazón al cerebro) que están en el cuello; coloca los dedos restantes entre la primera y segunda costilla, al corazón.
4. La lengua, apoyada en el paladar.
5. Usa: "Música Barroca Para Aprender Mejor" (de 60 tiempos).

BENEFICIOS

• Normaliza la presión sanguínea.
• Despierta el cerebro.
• Estabiliza una presión normal de sangre al cerebro.
• Alerta el sistema vestibular (donde se encuentra el equilibrio).
• Aumenta la atención cerebral.

2

GATEO CRUZADO

PASOS

1. Los movimientos del "gateo cruzado" deben efectuarse como en cámara lenta.
2. En posición de firme toca con el codo derecho (doblando tu brazo) la rodilla izquierda (levantando y doblando tu pierna).
3. Regresa a la postura inicial.
4. Con el codo izquierdo toca la rodilla derecha lentamente.
5. Regresa a la posición inicial.
6. Usa: "Música Barroca Para Aprender Mejor" (de 60 tiempos).

BENEFICIOS

- Ambos hemisferios cerebrales se activan y comunican.
- Facilita el balance de la activación nerviosa.
- Se forman más redes nerviosas.
- Prepara el cerebro para un mayor nivel de razonamiento.
- Es excelente para activar el funcionamiento mente/cuerpo antes de llevar a cabo actividades físicas como el deporte o bailar.

3

EL ESPANTADO

PASOS

1. Las piernas moderadamente abiertas.
2. Abre totalmente los dedos de las manos y de los pies hasta sentir un poquito de dolor.
3. Sobre la punta de los pies estira los brazos hacia arriba lo más alto que puedas.
4. Al estar muy estirado, toma aire y guárdalo durante diez segundos, estirándote más y echando tu cabeza hacia atrás.
5. A los diez segundos expulsa el aire con un pequeño grito y afloja hasta abajo tus brazos y tu cuerpo, como si te dejaras caer.
6. Usa: "Música para Aprender Mejor"
   (Selección: Aprendizaje activo)

En Bali el aire se lleva hacia dentro con fuerza, abriendo mucho las manos y los ojos con fuerza, se retiene y después se exhala.

BENEFICIOS

• Las terminaciones nerviosas de las manos y los pies se abren alertando al sistema nervioso.
• Permite que corra una nueva corriente eléctrica en el sistema nervioso.
• Prepara el organismo para una mejor respuesta de aprendizaje.
• Maneja el estrés y relaja todo el cuerpo.

4

TENSAR Y DISTENSAR

 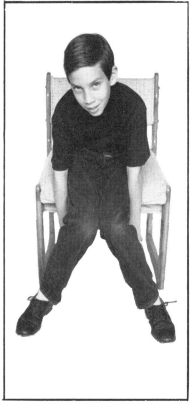

PASOS

1. Practica este ejercicio de preferencia en una silla, en una postura cómoda, con la columna recta y sin cruzar las piernas.
2. Tensa los músculos de los pies, junta los talones, luego las pantorrillas, las rodillas, tensa la parte superior de las piernas.
3. Tensa los glúteos, el estómago, el pecho, los hombros.
4. Aprieta los puños, tensa tus manos, tus brazos, crúzalos.
5. Tensa los músculos del cuello, aprieta tus mandíbulas, tensa el rostro, cerrando tus ojos, frunciendo tu ceño, hasta el cuero cabelludo.
6. Una vez que esté todo tu cuerpo en tensión, toma aire, reténlo diez segundos y mientras cuentas tensa hasta el máximo todo el cuerpo.
7. Después de diez segundos exhala el aire aflojando totalmente el cuerpo.
8. Usa como fondo musical: "Mozart para Aprender Mejor" (Selección: Música para Estimular la Inteligencia)

BENEFICIOS

• Logra la atención cerebral.
• Provoca una alerta en todo el sistema nervioso.
• Maneja el estrés.
• Mayor concentración.

5

CUENTA HASTA DIEZ

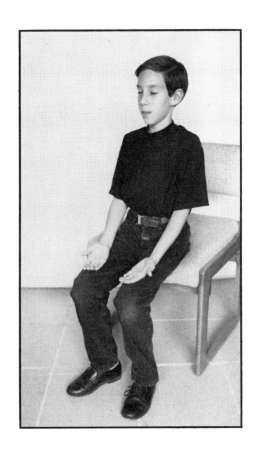

PASOS

1. Procura una posición cómoda –puede ser una silla–, manteniendo una postura recta en tu columna y apoyando tus pies sobre el piso, o bien sentado en la punta de tus talones, como en la isla de Bali.

2. Coloca las palmas de tus manos hacia arriba al frente, a la altura de tu cintura, apoyándolas sobre tus piernas, o bien –como en la isla de Bali– juntándolas enfrente de tu rostro sosteniendo alguna flor.

3. Cierra por un momento los ojos y, mientras, presta atención a tu respiración.

4. Toma aire y cuenta hasta diez; retén el aire en tu interior y cuenta otra vez hasta diez.

5. Exhala el aire contando hasta diez y quédate sin aire mientras cuentas hasta diez lenta y suavemente.

6. Repite el ejercicio varias veces.

7. Puedes complementarlo usando alguna palabra corta como: "Paz", "Amor", "Me siento muy bien"; puedes repetirla mientras inhalas y después al exhalar. Si no aguantas los diez segundos, acompasa tu respiración contando hasta cinco. En Bali repiten la frase: "Dios en mí".

8. Usa como fondo musical: "Mozart para Aprender Mejor" (Selección: Música para Estimular la Creatividad)

BENEFICIOS

• Cuando el cerebro fija la atención en la respiración todo el sistema nervioso se pone inmediatamente en alerta.

• El hecho de llevar un ritmo hace que el sistema nervioso adquiera armonía.

• La calma regresa; en algunas culturas, como en Bali, a este ejercicio se le da el nombre de "meditación".

• Ayuda al cerebro a tener claridad en el razonamiento y apertura para la creatividad.

6

NUDOS

PASOS

1. Cruza tus pies, en equilibrio.
2. Estira tus brazos hacia el frente, separados uno del otro.
3. Coloca las palma de tus manos hacia afuera y los pulgares apuntando hacia abajo.
4. Entrelaza tus manos llevándolas hacia tu pecho y pon tus hombros hacia abajo.
5. Mientras mantienes esta posición apoya tu lengua arriba en la zona media de tu paladar.
6. Usa como fondo musical algún tema de: "Naturaleza Musical"

BENEFICIOS

• Efecto integrativo en el cerebro.
• Activa conscientemente la corteza tanto sensorial como motora de cada hemisferio cerebral.
• Apoyar la lengua en el paladar provoca que el cerebro esté atento.
• Conecta las emociones en el sistema límbico cerebral.
• Da una perspectiva integrativa para aprender y responder más efectivamente.
• Disminuye niveles de estrés refocalizando los aprendizajes.

7

CUATRO EJERCICIOS PARA LOS OJOS

PASOS

1. Ejecuta en orden los movimientos de los ojos.
2. Repite cada movimiento tres veces.
3. Debes terminar cada movimiento donde se inicia.
4. Usa como fondo musical: "Mozart para Aprender Mejor" (Selección: Música para Estimular la Creatividad)

BENEFICIOS

• Ayuda a la visualización.
• Conecta el cerebro integralmente.
• Enriquece las representaciones cerebrales.
• Activa las terminaciones neuronales y alerta al sistema nervioso.
• Estimula la creatividad.

Nota:
Efectúa estos ejercicios como si tú estuvieras detrás de las flechas

Ojo derecho   Ojo izquierdo

Movimiento 1

Mueve los ojos en círculos por la derecha hacia arriba y a la izquierda, como marca la flecha (3 veces).

Ojo derecho Ojo izquierdo

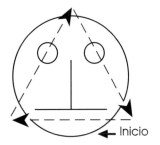

Inicio

Movimiento 2

Mueve los ojos formando un triángulo; pon atención en dónde inicia el movimiento (3 veces).

Ojo derecho Ojo izquierdo

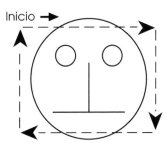

Movimiento 3

Mueve los ojos formando un cuadrado (3 veces).

Ojo derecho Ojo izquierdo

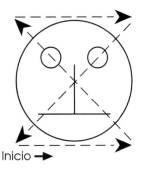

Inicio ➔

Movimiento 4

Mueve los ojos formando una X (3 veces).

Nota: Recuerda que tú estás detrás de las flechas

8

OCHITOS ACOSTADITOS

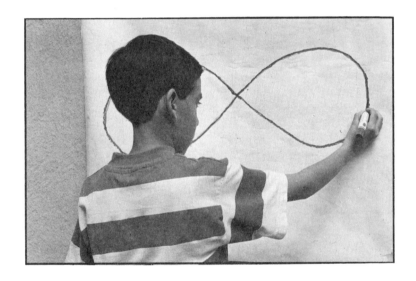

PASOS

1. Utiliza una hoja grande de papel y un lápiz; pega la hoja en la pared al nivel de tus ojos.
2. Dibuja un ocho acostado (∞) empezando por el centro (donde se cruzan las líneas) y de ahí hacia arriba a la derecha.
3. Cada vez que muevas tu mano el ojo debe seguir ese movimiento; si tu ojo tiende a ir más rápido que tu mano, aumenta la velocidad de ésta; lo importante es que tu ojo siga a tu mano y no la pierda de vista.
4. Repite tres veces este movimiento sobre el mismo ocho que dibujaste inicialmente.
5. Usando tu ocho inicial cambia a la dirección contraria (abajo a la izquierda).
6. Repite tres veces este movimiento.
7. Usa: "Música para Aprender Mejor"
   (Selección: Música para Revitalizar el Cerebro)

BENEFICIOS

• Mejora la comunicación escrita.
• Establece el ritmo y fluidez necesarios para una buena coordinación mano/ojo.
• Estimula los músculos más largos de los ojos y la alerta tactil.
• Relaja los músculos de manos, brazos y hombros, y facilita el proceso de visión.
• Ayuda a la integración colateral del pensamiento (conexión de ambos hemisferios cerebrales).
• Favorece el que las ideas fluyan fácilmente.

9

OCHITOS CON EL DEDO

PASOS

1. Utiliza el dedo pulgar derecho (o izquierdo) con el brazo ligeramente estirado.
2. Mantén la cabeza sin movimiento y mueve sólo los ojos.
3. Sigue con tus ojos tu dedo pulgar mientras dibujas un ocho acostado (∞); empieza hacia arriba a la derecha.
4. El centro del ocho (∞) debe quedar frente a tu rostro.
5. Repite el ejercicio tres veces.
6. Ahora haz el ocho hacia el lado izquierdo y repítelo tres veces.
7. Cambia de brazo y repite el ejercicio exactamente igual.
8. Usa: "Música para Aprender Mejor" (Selección: Música para Revitalizar el Cerebro)

En Bali los ojos se mueven horizontalmente al compás del gong; tú puedes hacer lo mismo; el simple hecho de moverlos de izquierda a derecha provocará un efecto positivo.

BENEFICIOS

• Mejora la coordinación mano/ojo.
• Logra una máxima activación muscular.
• Fortalece los músculos externos de los ojos.
• Asiste al desarrollo de redes neuronales y a la mielinización del área frontal del ojo.
• Provoca que el ojo tenga un fino rastreo motor de las imágenes.
• Dispone los patrones para una alineación de la coordinación ojo/mano.
• Si acaso llegan a doler los ojos es como si hubieras hecho muchas sentadillas con ellos y los músculos que los sostienen estuvieran un poco débiles aún.
• Maneja el estrés después de haber realizado una tarea o estudio pesado.

10

EL ELEFANTE

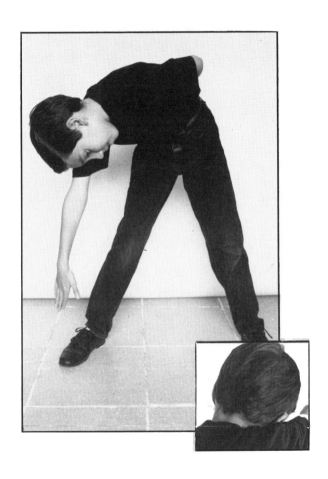

PASOS

1. Recarga el oído derecho sobre el hombro derecho y deja caer el brazo.
2. Mantén la cabeza apoyando tu oreja en el hombro.
3. Extiende bien tu brazo derecho como si fueras a recoger algo del suelo.
4. Relaja tus rodillas, abre tus piernas y flexiona tu cadera.
5. Dibuja, con todo tu brazo y con la cabeza, tres ochos acostados (∞) en el suelo empezando por la derecha.
6. Permite que tus ojos sigan el movimiento de tu brazo y que el centro del ocho (donde se cruzan las líneas) quede frente a ti.
7. Si tu ojo va más rápido que tu brazo y tu cabeza, disminuye la velocidad de tu ojo.
8. Repite el ejercicio en la dirección contraria tres veces.
9. Cambia de posición, ahora con el brazo izquierdo y apoyando tu cabeza en el hombro izquierdo.
10. Dibuja tres ochos a la derecha y luego tres a la izquierda.
11. Usa como fondo musical: "Mozart para Aprender Mejor" (Selección: Música para Estimular la Inteligencia)

BENEFICIOS

- Mejora la coordinación mano/ojo.
- Integra la actividad cerebral.
- Activa todas las áreas del sistema mente/cuerpo de una manera balanceada.
- Logra una máxima activación muscular.
- Activa el sistema vestibular (donde se encuentra el equilibrio) y estimula el oído.
- Beneficia a quienes han padecido infecciones crónicas de oído.
- Restablece las redes nerviosas dañadas durante esas infecciones.
- Activa el lóbulo temporal del cerebro (donde está la audición), junto con el lóbulo occipital (donde se encuentra la visión).
- Mejora muchísimo la atención.

11

A B C D E F G
d   *i*   *j*   *i*   *d*   *d*   *j*

H I J K L M N
i   *d*   *i*   *j*   *i*   *j*   *d*

Ñ O P Q R S T
j   *d*   *i*   *d*   *i*   *j*   *i*

U V W X Y Z
d   *i*   *j*   *d*   *d*   *i*

PASOS

1. Dibuja un abecedario en mayúsculas y pega tu hoja a nivel de tus ojos.
2. Debajo de cada letra coloca las letras: "d, i, j", al azar, que quieren decir: d=derecho, brazo derecho; i=izquierdo, brazo izquierdo, y j =juntos, ambos brazos juntos.
3. Escribe estas tres letras en minúsculas cuidando que no esté debajo de la "D" la "d" minúscula, de la "I" la "i" minúscula y de la "J" la "j" minúscula.
4. Pega tu hoja en una pared, exactamente al nivel de tu vista.
5. Mientras lees en voz alta la letra, "A" te fijas que debajo hay una "d"; entonces sube tu brazo derecho frente a ti y bájalo; si hay una "i" sube tu brazo izquierdo frente a ti y bájalo, y si hay una "j" sube ambos brazos y bájalos; así llegarás a la "Z".
6. Cuando hayas llegado a la "Z", a buen ritmo, empieza de nuevo el ejercicio, ahora desde la "Z" hasta la "A".
7. Si en el trayecto de la "A" a la "Z" te equivocas, sacúdete y vuelve a empezar, escogiendo tu propio ritmo hasta que llegues a la "Z".
8. Usa: "Música Barroca Para Aprender Mejor" (de 80 tiempos).

BENEFICIOS

• Logra la integración entre el consciente y el inconsciente.
• Permite una múltiple atención entre el movimiento, la visión y la audición.
• Favorece el que, a través del ritmo, la persona se concentre.
• Ayuda a mantener un estado de alerta en el cerebro.
• Integra ambos hemisferios cerebrales.
• Se recomienda antes de iniciar un aprendizaje difícil o la resolución de un problema; así se preparará el sistema nervioso para cualquier eventualidad.

12

EJERCICIOS DE ATENCIÓN 2: "p,d,q.b"

p d q b d p p b

p p b q b p q p

d p b p b p q d

p q d p q d q b

PASOS

1. Escribe en una hoja de papel cuatro letras minúsculas: "p, d, q, b" al azar.
2. Pega tu hoja en la pared a nivel de tus ojos.
3. Como si estuvieras ante un espejo, cuando veas una "p", pronuncia la letra, flexiona y levanta tu pierna izquierda, como si tu pierna fuera el ganchito de la "p" viéndola en el espejo.
4. Si ves una "d", pronúnciala y mueve tu brazo derecho hacia arriba, como si tu brazo fuera el ganchito de la "d" viéndola en el espejo.
5. Si ves una "q", pronúnciala y flexiona y levanta tu pierna derecha.
6. Si ves una "b", pronúnciala y mueve tu brazo izquierdo hacia arriba.
7. Haz el ejercicio a tu propio ritmo; si te equivocas, sacúdete y vuelve a empezar, aumenta la velocidad cuando tú decidas.
8. Repite el ejercicio de abajo hacia arriba.
9. Usa: "Música Barroca Para Aprender Mejor" (de 80 tiempos).

BENEFICIOS

• Ayuda a corregir el área sensomotora y el sentido de dirección.
• Mejora la coordinación entre vista, oído y sensación.
• Alerta al cerebro.

13

EL PETER PAN

PASOS

1. Toma ambas orejas por las puntas.
2. Tira hacia arriba y un poco hacia atrás.
3. Manténlas así por espacio de veinte segundos.
4. Descansa brevemente.
5. Repite el ejercicio tres veces.
6. Usa como fondo musical "Cantos Gregorianos"

BENEFICIOS

• Despierta todo el mecanismo de la audición.
• Asiste a la memoria.
• Enlaza el lóbulo temporal del cerebro (por donde escuchamos) y el sistema límbico (donde se encuentra la memoria).
• Si necesitas recordar algo, haz este ejercicio y notarás el resultado: en algunas personas es inmediato, en otras saltará la información a la mente en cuestión de segundos.

14

EL PINOCHO

PASOS

1. Inhala aire por la nariz y frótala rápidamente diez veces.
2. Exhala ya sin frotarla.
3. Repite el ejercicio cinco veces más.
4. Cada vez que lo hagas nota si el aire que tomas entra por ambas fosas nasales.

En Bali, cada vez que un balinés se prepara para bailar se frota la nariz mientras se concentra; incluso algunos danzantes, frotando su nariz, llegan a alcanzar estados de trance antes del espectáculo, como en el ritual denominado *kachá*.

BENEFICIOS

• Activa e incrementa la memoria.
• Integra ambos hemisferios cerebrales.
• Centra la atención cerebral.
• Ayuda a la concentración.

15

LA TARÁNTULA

PASOS

1. Si tienes un problema o un conflicto, identifícalo con un animal que te dé asco, por ejemplo, una tarántula.
2. Imagina varias pegadas en tu cuerpo. ¿Qué harías? ¡SACÚ-DETELAS!
3. Utiliza tus manos para golpear ligero, pero rápidamente, todo tu cuerpo: brazos, piernas, espalda, cabeza, etcétera.
4. Haz el ejercicio a gran velocidad durante dos minutos.

BENEFICIOS

- Activa todo el sistema nervioso.
- El cerebro aprende a separar la persona del problema.
- Se producen endorfinas (la hormona de la alegría).
- Circula la energía eléctrica de las terminaciones nerviosas.
- Disminuye el estrés.
- Activa la circulación sanguínea.

16

EL GRITO ENERGÉTICO

PASOS

1. Abriendo la boca todo lo que puedas, grita muy fuerte: "¡AAAHHH!
2. Grita durante un minuto con todas tus fuerzas.

En Bali las personas muestran cierta serenidad, que adquiren con un fuerte grito, suficiente para mantenerse serenos todo el día. A veces se reúnen en rituales que consisten en gritar, con voces agudas, en alto volumen.

BENEFICIOS

- Activa todo el sistema nervioso, en especial el auditivo.
- Permite que fluyan emociones atoradas.
- Incrementa la capacidad respiratoria.
- Provoca una alerta total en todo el cuerpo.
- Disminuye notablemente el estrés.

17

EL BOSTEZO ENERGÉTICO

PASOS

1. Ambas manos tocan las juntas de la mandíbula.
2. Bosteza profundamente.
3. Mientras con tus dedos masajea suavemente, hacia adelante y hacia atrás, las juntas de tu mandíbula.
4. Usa: "Música para Aprender Mejor"
   (Selección: Música para Revitalizar el Cerebro)

BENEFICIOS

• Oxigena el cerebro de una manera profunda.
• Relaja toda el área facial disponiéndola para recibir información sensorial con mayor eficiencia.
• Estimula y activa los grandes nervios craneales localizados en las juntas de la mandíbula.
• Activa todos los músculos de la cara, ojos y boca, ayudando a una mejor masticación y vocalización.
• Activa la verbalización y comunicación.
• Ayuda a la lectura.
• Mejora las funciones nerviosas hacia y desde los ojos, los músculos faciales y la boca.

18

EL PERRITO

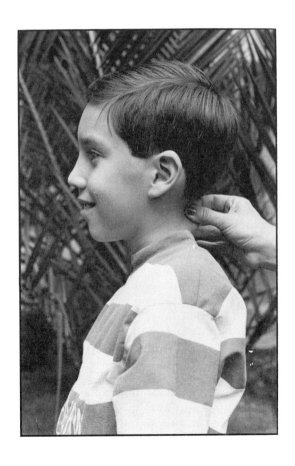

PASOS

1. Con una mano estira el cuero de tu cuello, por la parte de atrás, sosténlo durante diez segundos con fuerza y suéltalo tres segundos.
2. Repite el ejercicio unas cinco veces.
3. Usa: "Música Barroca Para Aprender Mejor".

En Bali las mamás toman a sus hijos del cuello, como si fueran perritos; en ese instante dejan de llorar y se calman.

BENEFICIOS

• El fluido cerebroespinal corre más adecuadamente hacia el cerebro.
• Disminuye el estrés.
• Aumenta la atención cerebral.
• Circulan las conexiones eléctricas de la médula espinal.

19

ALÁ, ALÁ

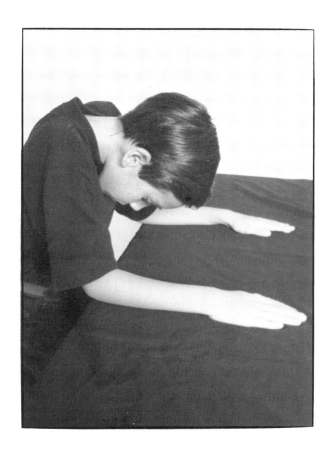

PASOS

1. Coloca ambas manos y antebrazos sobre una mesa de trabajo.
2. Baja tu barbilla hacia el pecho y suelta tu cabeza.
3. Siente cómo se estiran los músculos de la espalda, cuello y hombros.
4. Inspira profundamente y en ese momento curva tu espalda, alzando un poco la cabeza.
5. Exhala y vuelve a bajar la barbilla a tu pecho.
6. Haz este ejercicio varias veces durante diez o quince minutos.
7. Los niños necesitan de cinco a diez minutos.
8. Usa como fondo musical: "Mozart para Aprender Mejor" (Selección: Música para Estimular la Creatividad)

BENEFICIOS

- Permite una mayor entrada de oxígeno al cerebro.
- Relaja el cuello y los músculos de los hombros.
- Estimula la presencia de fluido cerebroespinal alrededor del sistema nervioso central.
- Despierta el sistema nervioso.
- A quienes usan la computadora durante mucho tiempo, realizan lecturas pesadas o están permanentemente en trabajos que requieren muchas horas de atención, este ejercicio los hará sentirse activados, energetizados y listos para organizar otra vez sus ideas.

20

LA CAMINATA EN FOTO

PASOS

1. Coloca el talón de la pierna derecha hacia atrás sin levantarlo, manteniendo derecha la pierna.
2. Adelanta la pierna contraria (izquierda), doblando un poco la rodilla, y apoya tu brazo (izquierdo).
3. Deja medio metro entre una pierna y la otra.
4. Inspira profundamente y, mientras exhalas, mantén el talón de la pierna trasera (derecha) firme sobre el piso, doblando más la pierna delantera (izquierda).
5. Permanece quince segundos inmóvil, respirando, como si te estuvieran fotografiando; la espalda derecha, sin inclinarte hacia el frente.
6. Repítelo con la otra pierna.
7. Realiza el ejercicio unas tres veces con cada pierna.
8. Usa como fondo musical algún tema de: "Naturaleza Musical"

BENEFICIOS

• Ayuda a la concentración y al equilibrio del cuerpo.
• Relaja ciertos músculos de la pierna y el pie.
• El fluido cerebroespinal fluye más fácilmente por el sistema nervioso central y la comunicación se vuelve más libre.
• Libera el reflejo de los tendones.
• Esta relajación del talón posee un interesante enlace con las habilidades verbales y facilita mucho la comunicación en los niños tartamudos y autistas.

21

CAMBIO DE SIGNIFICADO

PASOS

Pregúntate por la mañana y, aunque no te contestes, sigue preguntándote, haz que trabaje tu cerebro, usa como fondo musical algún tema de: "Naturaleza Musical":

1. ¿Qué es lo mejor que puedo esperar hoy?
   (Inhala y exhala profundamente. Espera diez segundos)
2. ¿Qué estoy dispuesto a dar hoy?
   (Inhala y exhala profundamente. Espera diez segundos)
3. ¿De qué puedo estar feliz en este momento?
   (Inhala y exhala profundamente. Espera diez segundos)
4. ¿Qué es lo que más me entusiasma de mi vida, ahora?
   (Inhala y exhala profundamente. Espera diez segundos)
5. ¿Qué aprendo con lo que me pasa?
   (Inhala y exhala profundamente. Espera diez segundos)

Pregúntate por la tarde o por la noche (inhalando, exhalando y esperando diez segundos entre pregunta y pregunta):

1. ¿Qué fue lo que más disfruté hoy?
2. ¿Qué he dado y qué he recibido hoy?
3. ¿En qué aspectos soy mejor hoy?
4. ¿Qué he aprendido hoy?

Si tus respuestas son negativas o tienes un problema, pregúntate:

1. ¿Qué es lo más emocionante de este problema?
2. ¿Qué deseo en lugar del problema?
3. ¿Qué quiero hacer para obtener lo que deseo?
4. ¿Qué es lo que no quiero seguir haciendo para obtener lo que deseo?
5. ¿Cómo puedo disfrutar este momento que me ayuda a lograr mi meta?
6. Si mi problema lo veo como un fracaso, ¿no será una oportunidad para aprender?
7. Si mi problema lo veo negro, ¿será que tanta luz me ciega?
8. Si mi problema me agobia, ¿cómo sería dialogar con él?
9. Si sólo tengo una alternativa de solución, ¿qué pasaría si genero cincuenta diferentes?
10. Si no tengo creatividad para preguntarme: ¿qué pasaría si hiciera como si yo sí tuviera creatividad?, ¿qué diría?, ¿qué haría? Y repite al terminar:

YO SOY UN SER VALIOSO...
TENGO MUCHAS CAPACIDADES...
Y MEREZCO LO MEJOR...

BENEFICIOS

- Las preguntas son una parte importante en el proceso de pensamiento.
- Las preguntas son la respuesta, porque cambian nuestros enfoques.
- Al cuestionarte, puedes cambiar tus sentimientos, el enfoque de tu cerebro, y lograr una atención positiva para mejorar algunos aspectos de tu vida.
- Las preguntas ayudan a optimizar nuestro proceso de solución de problemas.

22

EL ¿CÓMO SÍ? Y EL ¿QUÉ SÍ?

PASOS

Si al hablar te das cuenta de que pronuncias frases desimpulsoras como, por ejemplo: me siento nervioso, me siento mal, no aprendo nada, qué fastidio, me da miedo, no sé por dónde, etcétera, pregúntate lo siguiente:

(Usa como fondo musical algún tema de: "Naturaleza Musical")

1. Así como me siento (nervioso, mal, sin aprender, con fastidio, etcétera), ¿cómo sí me gustaría sentirme?
   (Anota cinco posibilidades de cómo sí te gustaría sentirte.)
   a. _____
   b. _____
   c. _____
   d. _____
   e. _____
2. ¿Cómo sí me gustaría verme?
   (Anota cinco posibilidades.)
   a. _____
   b. _____
   c. _____
   d. _____
   e. _____

3. ¿Qué sí me gustaría decir de mí mismo?
(Anota cinco posibilidades.)
a. _____
b. _____
c. _____
d. _____
e. _____

4. ¿Qué sí me gustaría oír que los demás me dijeran?
(Anota cinco posibilidades.)
a. _____
b. _____
c. _____
d. _____
e. _____

Una vez que has acabado el ejercicio, ¿verdad que experimentas un cambio en ti? Recuerda que eres un ser valioso, que el tesoro que habita en ti está esperando que lo hagas brillar.

BENEFICIOS

• Estimula la creatividad en el cerebro y el generar sueños y metas.
• Las diferentes alternativas ofrecen posibilidades de acción al cerebro; éste se programará, seguramente escogerá entre ellas y actuará.
• A mayor número de alternativas, mayores conexiones neuronales y mayor expansión creativa.

23

ACCESANDO EXCELENCIA

PASOS

(Usa como fondo musical algún tema de: "Naturaleza Musical")

1. Recuerda un momento en que te haya ido muy bien (estado de excelencia) y al recordarlo ve lo que viste, escucha lo que escuchaste y siente lo que sentiste.
2. Vive y disfruta ese estado de excelencia ahora.
3. Imagina que ese estado de excelencia tiene una forma, un color, un sonido y una sensación (por ejemplo: tiene la forma de una estrella dorada, suena como campanitas y es suave).
4. Haz como si esa estrella la guardaras en tu mano, apretándola.
5. Repite el ejercicio varias veces con momentos de excelencia diferentes y guárdalos en el mismo lugar.
6. En el futuro, cuando necesites mantenerte en un estado de excelencia bastará con recordar la estrella en tu mano y este hecho automáticamente disparará el estado que deseas y lo notarás en tu cuerpo.
7. Y con una actitud de gratitud y esperanza, despídete de tus imágenes, sonidos y sensaciones.
8. Cuando vuelvas a repetir este ejercicio puedes elegir otros lugares en tu cuerpo para guardar tus momentos de excelencia.
9. Recuerda repetir:
   ES POSIBLE,
   TENGO LA CAPACIDAD
   Y LO MEREZCO...

BENEFICIOS

- Accesa fácilmente estados de excelencia.
- Acelera el aprendizaje.
- Aumenta la creatividad.
- Conecta el cerebro con lo mejor que tiene dentro: posibilidades, experiencias positivas, solución a problemas.
- Provoca que el cerebro y el cuerpo se mantengan en una buena disposición, para dar lo mejor.
- Ayuda a que las respuestas que tengas hacia el medio ambiente sean firmes y hechas en plenitud de recursos.
- Permite disfrutar más de la vida.

24

SONRÍE, CANTA, BAILA

PASOS

1. Sonríe, canta y baila siempre que puedas, procura que sea a cada momento en el contexto apropiado, no dejes de intentarlo.
2. Para sonreir cuenta un buen chiste, para cantar recuerda tu canción favorita y cántala, para bailar usa una música que te invite al movimiento y baila.
3. Date sólo cinco minutos para enojarte, o para vivir una tristeza, o para angustiarte, y luego sonríe, empieza a cantar, baila si quieres, porque si así lo haces, tu cuerpo y tu alma estarán conectados en otro canal. No es que te burles de lo que acontece, sino que, al moverte, tu rostro, tu garganta y tu cuerpo activan tu ser de otra manera.

En Bali no se permite ningún lugar para la tristeza o la decepción; en su sabiduría siempre te dirán: "Sólo un minuto para estar triste", y después, a sonreír.

BENEFICIOS

• Produce muchas endorfinas, que son las hormonas de la alegría, y energía para el cerebro.
• Activa la energía en el cerebro y en todo el cuerpo.
• Una sonrisa genera: confianza, esperanza, gozo de vivir, agradecimiento, entusiasmo, fuerza para seguir caminando.
• Un canto impulsa nuestro ser, expresa el alma, ayuda a expulsar las emociones escondidas.
• Un baile da: armonía, ritmo, cadencia, acompasamiento, expresión.

¡Sonríe, canta y baila siempre que puedas!

25

CAMBIANDO LA PELÍCULA CEREBRAL

PASOS

(Usa como fondo musical algún tema de: "Naturaleza Musical")

1. Recuerda un momento en el que te hubiera gustado haber actuado de diferente manera. Métete a la película.
2. Empieza a ver lo que viste, a escuchar lo que escuchaste, a sentir lo que sentiste.
3. Salte de la película y ahora como director pregúntate: ¿qué podría haber hecho que fuera diferente?
4. Crea películas distintas en tu mente con las alternativas que vayas eligiendo, primero ve tu imagen en la película y luego métete en tu imagen, como si te metieras otra vez a la película.
5. Pregúntate: ¿estas alternativas me hacen sentir bien? Si se llegan a realizar, ¿me beneficiaré yo y los que me rodean? ¿Me dañarán?
6. Puedes crear en tu cerebro más alternativas y películas diferentes.
7. Escoge por fin una película y tu cerebro encontrará las acciones que la hagan realidad. ¡Tú eliges cómo vivir!

BENEFICIOS

- Programa el cerebro en distintas alternativas.
- Abre los circuitos neuronales para obtener otras posibilidades en el comportamiento.
- Ayuda a la visualización.
- Genera una energía más fluida en el sistema nervioso.
- Se activa la creatividad y las posibilidades de cambio.

MI GIMNASIA CEREBRAL®
(PLAN DE TRABAJO)

Ejercicio	Horario	Día	Mes	Resultados

POSIBLES COMBINACIONES

Tú puedes crear tus propias combinaciones según lo que necesites; aquí te propongo algunas que te ayudarán.

• PARA MEJORAR LA LECTURA

Tensar y distensar, "A, B, C", Nudos, Gateo cruzado, Ochitos acostaditos, Cuatro ejercicios para los ojos.

• PARA PODER LEER EN VOZ ALTA Y EN PÚBLICO

El elefante, El Peter Pan, El grito energético, El bostezo energético, Gateo cruzado, Accesando excelencia, Cuenta hasta diez (y respira con el abdomen).

•PARA LA COMPRENSIÓN EN LA LECTURA

"A, B, C", "p, d, q, b", El elefante, El Pinocho.

• PARA DELETREAR MEJOR

Ochitos acostaditos, Ochitos con el dedo, El elefante, El Peter Pan.

• PARA LEER MÁS RÁPIDO

Cuatro ejercicios para los ojos, Ochitos acostaditos, Ochitos con el dedo, El elefante, Nudos, Gateo cruzado.

• PARA LAS MATEMÁTICAS

El elefante, "A,B,C", "p, d, q, b", Nudos, El perrito.

• PARA PREPARARSE PARA EL DEPORTE Y EL JUEGO

Gateo cruzado, Nudos, El grito energético, El bostezo energético, La tarántula, El Pinocho.

• PARA LA COORDINACIÓN MANO/OJO (HABILIDADES DE ESCRITURA)

Gateo cruzado, Cuatro ejercicios para los ojos, Ochitos acostaditos, Ochitos con el dedo.

• PARA LA CREATIVIDAD AL ESCRIBIR

El grito energético, El bostezo energético, Cambio de significado, El ¿cómo sí? y el ¿ qué sí?

• PARA PENSAR CREATIVAMENTE

Gateo cruzado, El elefante, El ¿cómo sí? y el ¿qué sí?, Cambiando la película cerebral, Accesando excelencia, Sonríe, Canta, Baila.

• PARA ESCUCHAR Y HABLAR MEJOR

El Peter Pan, Gateo cruzado, Cambiando la película cerebral, El ¿cómo sí? y el ¿qué sí?, Accesando excelencia.

• PARA INCREMENTAR LA AUTOESTIMA

Nudos, Accesando excelencia, Cambio de significado, La tarántula, Sonríe, Canta, Baila.

• PARA INCREMENTAR LA MEMORIA

El Peter Pan, El Pinocho, El espantado, El perrito, Cuatro ejercicios para los ojos, Nudos, Accesando excelencia.

• PARA PRESENTAR EXÁMENES

Cuenta hasta diez, Ochitos acostaditos, Nudos, Gateo cruzado, Cambiando de película cerebral, Accesando excelencia (y toma agua).

• PARA MANEJAR EL ESTRÉS Y ACELERAR EL APRENDIZAJE

Todos... Escoge los que más se te facilitan y realiza tus propias combinaciones; usa tu creatividad y tu imaginación.

UNA OPCIÓN MÁS

Te invito a realizar estos simples y poderosos ejercicios extras de Gimnasia Cerebral® como una rutina semanal. ¡Ánimo!

- *Lunes.* Realiza las siguientes actividades con tu mano no dominante: peina tu cabello, cepíllate los dientes, cierra tus ojos y camina unos minutos por tu casa, mantente alerta sobre los olores, sonidos y sensaciones que experimentes hoy. Trata de alzar algunos objetos con tus pies, cierra la puerta con tu pie, trata de escribir tu nombre con tus hombros, rodillas y codos.

- *Martes.* Pon tu atención sobre los aspectos positivos de las personas; si encuentras a alguien a quien criticas, trata de encontrar algo positivo que puedas reconocer en él. "Fíjate en lo lisito de la oreja", decía mi abuelita.

- *Miércoles.* Detente unos instantes en un cuadro, cierra tus ojos y trata de formarlo en tu cerebro. Abre tu armario un momento, ciérralo y enumera las cosas que viste. Observa algo que te llame la atención, tal vez unas flores, y trata de reproducirlas en detalle en tu cerebro. Abre un cajón de tu escritorio y haz un inventario de las cosas que viste.

- *Jueves.* Ponte en los zapatos del otro por espacio de unos minutos y observa la diferencia de perspectivas. Suspende el juicio sobre los demás y nota la diferencia cuando aceptas a las personas tal y como son. La flexibilidad es el principio de la sabiduría y del perdón.

- *Viernes.* Si te encuentras preocupado o dudando sobre algo, o con baja autoestima, piensa: ¿cuál es el deseo más fuerte, más grande, más bello para mí en esta vida? Plásmalo en tu cerebro a detalle, qué vas a ver, qué vas a oír, que vas a sentir, haz una película interna positiva que vaya de acuerdo con tus valores y tu dignidad, sin aplastar a nadie; si te asaltan pensamientos negativos, déjalos a un lado. Fíjate si este deseo es iniciado y mantenido por ti, procura ser específico y plasmarlo en palabras conjugando los verbos en presente y en afirmativo.

- *Sábado.* Haz algo diferente, sal de la rutina, inventa algo nuevo, por ejemplo un juego o una canción, usa tu creatividad, pon a trabajar tu cerebro con diversas alternativas, tal vez empieces por levantarte por la mañana con el pie que no acostumbras, trata de romper hoy la rutina en lo posible, canta, baila y sonríe, date permiso de hacer algo distinto... experimentarás los resultados.

- *Domingo.* Es el día de descanso, y descanso no significa no hacer nada. Te invito a que en los momentos que hoy vivas prestes atención a lo que hiciste en los treinta minutos anteriores, repásalo vivamente y a detalle con tu cerebro. Repite este ejercicio tantas veces como te sea posible, para que al finalizar tu día hagas otra vez un repaso total de cómo viviste durante el día y así generes una actitud de gratitud y esperanza que brote de tu interior, ahí donde está tu ser más íntimo, ahí donde sólo Dios puede entrar, porque es un lugar sagrado.

¡Vive tu propia excelencia, contagia excelencia, promueve excelencia! Ahora que ya sabes activar el tesoro que habita en ti, es prioritario y urgente compartirlo con los demás, porque dando es como vas a recibir.

¡Felicidades!

CONCLUSIÓN

Quisiera concluir con este bello pensamiento que plasmo para ti, pues encierra la inspiración, el motor y el gran impulso que me ha dado para realizar el sueño de escribir este libro. Que también inspire e impulse tus sueños y tus aprendizajes.

CUALQUIERA

Cualquiera reclama un derecho,
Pero pocos se atienen a sus deberes.
A cualquiera le brota una idea,
pero pocos saben realizarla.
A cualquiera se le ocurre algo,
pero pocos saben razonarlo y hacerlo prácticamente posible.
Cualquiera tiene un pensamiento brillante,
pocos tienen la capacidad de hacerlo provechoso.
Cualquiera puede exponer un plan,
pero pocos pueden llevarlo a cuestas hasta que cuaje y florezca.
Cualquiera puede divisar un camino,
pero pocos saben desandarlo.
Cualquiera puede criticar,
pero pocos enmendar.
Cualquiera puede señalar el mal,
pero pocos trabajan bien.
Cualquiera se compromete,
pero pocos cumplen.
Cualquiera sentencia como juez,
pero pocos indultan como un cristiano.
Cualquiera puede hacer un brindis por lo que conviene,
pocos una alianza con lo que los compromete.

Cualquiera sabe lo que debería hacerse,
pero pocos lo hacen en el momento de actuar.
Cualquiera se trepa por la lisonja,
pero pocos suben por el amor.
Cualquiera se pone un disfraz en sociedad,
pero pocos se lo quitan ante Dios y se miran tal cual son.
Cualquiera lanza una queja de la vida,
pero pocos reconocen lo que merecen y la hacen llevadera.
Cualquiera arrebata a otro la corona del triunfo,
pero pocos resisten pagar por ella lo que se les exige.
Cualquiera tiene una visión de claridad,
pero pocos salen de la apatía y se meten a la luz.
Cualquiera quisiera mejorar el mundo,
pero pocos se ponen al servicio de esa causa.
Cualquiera grita por la paz,
pero pocos destierran la guerra en la batalla de todos los días.
Cualquiera se enamora de una estrella,
pero pocos tiene la fuerza de alargar el brazo...¡Y conseguirla!

Zenaida Bacardí de Argamasilla

BIBLIOGRAFÍA

Argyl.,M., *et al.*, en *British Journal of Social and Clinical Psycology*, vol. 9, 1970 pp. 222-231.

Ayres, A. Jean, *Sensory Integration and Learning Disorders*, Los Angeles, Western Psychological Services, 1972.

Campbell, Dom, *El Efecto Mozart*, México, Urano, 1997.

De Beauport, Elizabeth, *Tarrytown Newsletter*, 1983.

Dennison, Paul. E., y Gail E. Dennison, *Brain Gym. Teachers Edition*, Ventura, California, Edu-Kinesthetics, 1994.

——, *Edu-Kinesthetics In-Depth, The Seven Dimensions of Intelligence*, Ventura, California, Educational Kinesiology Foundation, 1990.

Einstein, Albert, *The Theory of Relativity. Out of my Later Years*, Secaucus, Nueva Jersey, Citadel Press, 1956.

Gelernter, David, *The Muse in the Machine, Computerizing the Poetry of Human Thought*, Nueva York, Free Press, 1994.

González, L. J., *Excelencia personal: valores*, México, Font, 1992.

Hendrickson, Homer, *The Vision Development Process*, Santa Ana, California, Optometric Extension Program, 1969.

MacLean, Paul D., *The Triune Brain in Evolution, Role in Paleocerebral Functions*, Nueva York, Plenum Press, 1990.

Maxwell-Hudson, *Aromaterapia y masaje*, México, Javier Vergara, 1994

Moody, Kate, *"Growing Up on Television"*, *The New York Times*, 1980, pp. 37, 51 y 53.

Muriel, James, *Nacidos para triunfar*, México, Fondo Educativo Interamericano, 1975.

Ostrander, Sh., L. Schroeder y N. Ostrander, *Superaprendizaje*, México, Grijalbo, 1983.

Pearce, Joseph Chilton, *Evolution's End, Claiming the Potential of Our Intelligence*, San Francisco, Harper, 1992.

Pinault, Candide, conferencia de apertura, Congreso Internacional de la Organización Mundial de Educación Preescolar, México, 22, 23 y 24 de julio de 1996.

Rogers, C. R., *El proceso de convertirse en persona*, Buenos Aires, Paidós, 1975.

Schwartz, Eugene, *Seeing, Hearing, Learning. The Interplay of Eye and Ear in Waldorf Education*, Camp Glenbrook Conference of the Association for a Healing Education, 14-16 de junio de 1988, 1990.

Stevens, Charles F, "The Neuron", *Scientific American*, septiembre de 1979, pp. 1-2.

Tomatis, Alfred A., *Education and Dyslexia*, Fribourg, Suiza, Association Internationale d'Audio-Psycho-Phonologie, 1978.

———, *The Conscious Ear, My Life of Transformation Through Listening*. Barrytown, Nueva York, Station Hill Press, 1991.

SOBRE LA AUTORA

Luz María Ibarra es licenciada en filosofía por la Universidad La Salle, posee dos posgrados en filosofía social, desarrollo humano y comunicación por la Universidad Panamericana. Ha sido profesora de la Universidad Iberoamericana en México, Distrito Federal.

Master & Trainer en Programación Neuro-lingüística, certificada por Robert Dilts, Judith DeLozier y Todd Epstein (cofundadores de PNL), con especialidad en salud, creatividad, liderazgo y educación.

En 1991 participó junto con Luis Jorge González en el proyecto "Research & Modeling Strategies for NLP Developers"; actualmente forma parte del proyecto mundial de liderazgo, junto con ciento cincuenta entrenadores internacionales de Programación Neuro-lingüística llamado "NLP Community Leadership Project", organizado por Robert Dilts y Judy DeLozier en la NLP University de Santa Cruz, California.

Ha sido invitada dos veces como entrenadora en Programación Neuro-lingüística a nivel internacional para veintidós países en Bali, Indonesia; también es asesora de entrenadores para NLP Comprehensive en Boulder, Colorado.

Ha participado en los congresos nacionales e internacionales de la OMEP (Organización Mundial de Educación Preescolar). Se ha dedicado a la consultoría de capacitación de empresas públicas y privadas.

Ha sido conferencista a nivel internacional en materia de aprendizaje acelerado en Berkel-Enschot, Holanda; Nürenberg, Alemania; Roma, Italia, y San José, Costa Rica; asimismo, ha participado en diversos programas de radio y televisión.

Actualmente realiza un master en creatividad en España y sigue investigando sobre aprendizaje en México y Estados Unidos.

TESTIMONIOS

- Aplicando ya durante tres años el método de Gimnasia Cerebral® de Luz María con niños de primer grado, hemos obtenido excelentes resultados en sus aprendizajes, exportándolo ahora para Francia. Nuestro reconocimiento para una Gran Mexicana. (Pilar Struillou. Liceo Franco-Mexicano. Section Primaire Francaise. Tel: (5) 280-8080 / (5) 260-6129)

- Tengo diez años, yo misma elegí mis propios ejercicios de Gimnasia Cerebral®: Los ochitos, nudos, "A,B,C," "p,d,q,b", porque tenía calificaciones bajas sobre todo en matemáticas y logré sacarme dieces después de hacer estos ejercicios durante un mes. Le regalé mis calificaciones a la Miss Luz María para que comparara y viera mis excelentes resultados. (Trini Ibarra González, México, D.F. (5) 598-8495)

- Moviendo mis ojos, como propone Luz María, y con disciplina me he curado de la vista. Mi gran esperanza. (Emiliana Cerón, México, D.F. Tel: (5) 654-0683)

- Gracias por enseñarme que al aprender de una mejor manera puedo cambiar mi vida y gozar cada momento. (Ma. Elvia González, México D.F. Tel: (5) 562-2744)

- Con los ejercicios de Gimnasia Cerebral® obtengo excelentes resultados en niños con problemas de conducta, mejoran sus calificaciones a 9 y 10, ya no tienen reportes ni quejas, notando su sistema nervioso más en armonía, aprendiendo fácilmente, mejorando su atención, memoria y conducta. Gracias Luz Ma. (Ma. Teresa Estrada, Profra. de apoyo en problemas de aprendizaje. México, D.F. Tel: (5) 712-6468)

TESTIMONIOS

• Con este método de Gimnasia Cerebral® obtuvimos sorprendentes resultados en niños hiperkinéticos. (Dr. José Ibarra Nawasaki, México, D.F. (5) 598-8495)

• Poniendo Música Barroca en volumen suave con enfermos en estado de coma de terapia intensiva, notamos cómo se recuperan rápida y fácilmente. (Dra.Lucía G. González de Cebeira, Tel: (5) 573-3613)

• Resultado:Gran avance y éxito en el programa escolar. (Profesora de primaria: Elena Margarita Pacheco, Escuela Andrés Quintana Roo. Tel: (5) 590-0135)

• Con un problema de cáncer me voy recuperando gracias a Dios y con la práctica de los ejercicios de Gimnasia Cerebral® de Luz Ma. Ibarra. (Lupita Navarro, Guadalajara, Jal. (3) 615-1873)

• Trabajo con niños hiperactivos y usando en mis clases Gimnasia Cerebral® he notado un avance significativo. (María Ruiz, Profra. de Inglés. Méx. D.F.(5) 595-3415)

• A mis 58 años de edad, con depresión, vértigos y mareos, he notado que al realizar los ejercicios de Gimnasia Cerebral® de Luz María, me siento contenta y motivada.(Rosa Ma. Oliver, México D.F. (5) 682-1301)

• Como médico, he comprobado que las sugerencias de Luz Ma., sobre cómo cambiar el significado de las experiencias, cómo manejar las creencias o sólo accesar excelencia en mis pacientes, provocan grandes cambios en su salud mental, emocional y física. (Dr. Marco A. Gutiérrez, México D.F. (5) 686-9380)